CHEFS-D'ŒUVRE

DES

MÉLODRAMES.

3.

SENLIS,
IMPRIMERIE DE TREMBLAY.

CHEFS-D'OEUVRE

DU RÉPERTOIRE

DES

MÉLODRAMES

JOUÉE A DIFFÉRENS THÉATRES.

TOME III.

A PARIS,

CHEZ Mme VEUVE DABO,

A LA LIBRAIRIE STÉRÉOTYPE, RUE DU POT-DE-FER, N° 14.

1824.

MARGUERITE

D'ANJOU,

MÉLODRAME HISTORIQUE EN TROIS ACTES,

Par M. GUILBERT-PIXÉRÉCOURT;

Représenté, pour la première fois, sur le théâtre de
la Gaîté, le 11 janvier 1810.

Mélodrames. 3.

1

PERSONNAGES.

—

MARGUERITE D'ANJOU, veuve de Henri VI roi d'Angleterre.

ÉDOUARD, prince de Galles, son fils, âgé de onze ans.

LE DUC DE LAVARENNE, grand sénéchal de Normandie.

ISAURE, épouse du sénéchal, sous le nom d'Eugène.

RICHARD, duc de Glocester.

CARL, charbonnier et chef de voleurs.

MORIN, chirurgien gascon.

BELLEPOINTE, canonnier français.

HORNER, officier dans l'armée de Marguerite.

STOFFEL, voleur de la troupe de Carl et espion du duc de Glocester.

CROFT, voleur.

UN SOLDAT Anglais.

SOLDATS FRANÇAIS, SOLDATS ANGLAIS, BUCHERONS ÉCOSSAIS déguisés en voleurs, PAYSANNES ÉCOSSAISES.

La scène se passe en 1462, près d'Exham, petite ville du Northumberland, non loin des frontières d'Écosse.

MARGUERITE D'ANJOU,

MÉLODRAME HISTORIQUE.

ACTE PREMIER.

Le théâtre représente une plaine, traversée par une rivière, sur laquelle est un pont de pierre ruiné, et dont les arches du milieu sont réparées en charpente. La partie qui est en-deça de la rivière est occupée par un camp en désordre, quelques tentes, des toiles jetées, des branches et des pieux ; des baraques, etc. Aux trois premiers plans, la tente de la reine ; elle est ouverte au lever du rideau, et laisse voir le site qu'on vient de décrire. On voit des paysans armés, mêlés avec des soldats, tous groupés diversement ; les uns boivent, les autres dorment, jouent ; mangent, etc.

SCÈNE I.

BELLEPOINTE, HORNER, appuyés contre une pièce de canon. Ils jouent aux dés sur un tambour.

BELLEPOINTE.

Douze. Warwick sera vaincu.

Nota. Toutes les indications que l'on trouvera dans la pièce sont censées prises du parterre, c'est-à-dire relativement aux spectateurs. Les personnages doivent être placés au théâtre comme ils le sont en tête de chaque scène.

HORNER.

Je le désire. Mais je me souviens de la bataille de Northampton, où il commandait l'aile droite : journée fatale qui nous coûta dix mille hommes, et dans laquelle notre bon roi fut fait prisonnier.

BELLEPOINTE.

Puis traîné à Londres comme un criminel, et poignardé dans la Tour par l'infâme Glocester. Mais éloignons ce souvenir déchirant. Nous sommes ici pour venger ce forfait inouï, et remettre la courageuse Marguerite sur le trône qui lui appartient ; notre mission sera remplie.

HORNER.

J'y verserai jusqu'à la dernière goutte de mon sang.

BELLEPOINTE.

Nous l'emporterons, brave Horner ! Les champs de Wakefield et de Saint-Albans retentissent encore de vos cris de victoire.

HORNER.

Oui. Mais combien d'autres attestent nos défaites, et semblent prouver que le ciel protège le criminel Édouard !

BELLEPOINTE.

Dans ces jours de désastre votre cause n'était pas soutenue par le duc de Lavarenne ; Marguerite n'avait point encore paru à la cour de

Louis XI, et enflammé le cœur de notre
jeune noblesse. Vous ne comptiez point alors
quinze cents français dans votre armée!....
Savez-vous, Horner, ce que peuvent quinze
cents français animés par la gloire et le désir
de s'illustrer aux yeux de la beauté ? C'est plus
qu'il n'en faut pour conquérir les trois royau-
mes. Allons, mille bombes ! à notre entrée
dans Londres !

(Ils trinquent.)

HORNER.

Puisse l'évènement justifier votre enthousiasme !

BELLEPOINTE.

Il le justifiera.

SCÈNE II.

ISAURE, MORIN, BELLEPOINTE, HORNER.

(On voit Isaure et Morin se présenter à la tête du
pont. Ils sont arrêtés par la sentinelle, et paraissent se quereller avec elle.)

MORIN, très-haut.

Hé donc ! jé n'ai pas dé compte à té rendre.
La consigne ?... Jé m'en bats l'œil ! Jé veux
parler à la reine... Entends-tu, c'est à la Reine
qué jé veux parler... Où est-elle ? Que fait-
elle ? Hein ? Elle visite le camp ?... Eh bien!

1.

va la chercher. Donne-moi ta hallebarde, jé
garderai ton poste.

BELLEPOINTE.

Plaisante proposition !

HORNER.

Que demande cet étranger ?

BELLEPOINTE.

Il est facétieux ! Je me trompe fort, ou
son accent et sa gaîté m'annoncent un com-
patriote. N'est-il pas vrai, l'ami, vous êtes
français ?

MORIN.

Certainément ! et jé m'en fais honneur. (*A
la sentinelle.*) Qué diable ! laissé-moi donc
passer... Tu vois bien qué jé suis en pays dé
connaissance. (*A Isaure.*) Viens ça, pétit.
(*Ils traversent tous deux le pont. A Bellepointe.*) Oui, mon brave, je suis Français,
originairé dé Bordeaux, naturalisé à Caudébec,
en Normandie. Jé mé nomme Morin, j'ai pour
prénom Michel.

BELLEPOINTE.

Ah ! Michel Morin !

MORIN.

C'est cela même. A l'exemple dé mon patron,
j'ai su mettre à profit les talins universels qué
la bienfaisanté nature m'a départis ; hé donc,
jé fais un peu dé tout. Jé compose des vers,
qué jé mets en musique, et qué jé chante

divinément bien, quoi qu'en disent les envieux; car, attendu qué les ignorans sont en très-grande majorité dans cé bas monde, jé n'ai rencontré partout qué des antagonistes et des censeurs, mais jé m'en bats l'œil. Dé plus, jé danse à faire plaisir, jé rase à faire peur (pour la vivacité, s'entend); jé saigne jusqu'à extinction; jé coupe les cheveux, les bras, les jambes, et même les oreilles à quiconqué s'avise dé douter dé mon mérite.

(Il se tourne vers les paysans qui se sont approchés, et qui paraissent s'égayer de sa jactance.)

BELLEPOINTE.

Je ne crois pas que personne ici ait cette hardiesse.

MORIN.

J'ai su qué la reine Marguerite faisait un appel à tous les hommes braves, déterminés et amans dé la beauté, et jé mé suis mis aussitôt en campagne. J'apprends à Dieppe qu'on équipe un bâtiment pour l'Angleterre. Jé mé présente au comte de Longueville, chargé dé rassembler des hommes pour l'armée dé la reine Marguerite; il est, comme dé raison, enchanté de ma bonne mine, et m'enrôle dé suite en qualité dé chirurgien. J'ai ma patente en poche... Oh! jé suis en règle, et tout prêt à exercer mes fonctions. Si jé né guéris pas tous ceux qui useront dé mon ministère, du moins jé mé flatte d'en faire rire quelques-uns; et après la mort, a dit jé né sais que auteur, la gaîté est lé remède à presque tous les maux.

BELLEPOINTE.

Très-bien conclu, mon camarade.

HORNER, d'un ton sévère.

Vous montrerez vos papiers au duc de Lavarenne, lieutenant de Marguerite.

ISAURE, à part, avec joie.

Il est ici!

HORNER.

Car vous pensez bien que la prudence ne permet pas d'admettre des étrangers, sans savoir d'où ils viennent, et par qui ils sont envoyés.

MORIN.

Certainément! c'est très-naturel... Aussi jé né m'offense pas...

BELLEPOINTE.

Si l'on recevait indistinctement tous ceux qui se présentent, la sûreté de l'armée serait bientôt compromise. Aussi M. le Duc a-t-il établi là-dessus l'ordre le plus sévère.

ISAURE, à part.

Comment rester inconnue?

BELLEPOINTE.

Ce jeune homme t'appartient sans doute?

MORIN.

Mais...

ISAURE, *bas et vivement.*

Dites que oui.

MORIN.

A-peu-près. Il était sur le même bâtiment que moi, et m'a suivi depuis Berwick, où nous avons débarqué.

BELLEPOINTE.

Comment l'appelles-tu ?

MORIN.

Comment je l'appelle ?... C'est sélon ; tantôt d'une façon, tantôt...

HORNER.

N'a-t-il pas un nom ?

MORIN.

Parbleu ! sans doute. Il faut bien que chacun ait le sien. Par exemple, je m'appelle Morin. (*A Horner.*) Vous... (*Bas à Isaure.*) Dis-moi donc ton nom.

HORNER.

Horner.

MORIN, *à Bellepointe.*

Toi ?... (*Bas à Isaure.*) Ton nom ?

BELLEPOINTE.

Bellepointe.

ISAURE, *bas à Morin.*

Eugène.

MORIN.

Bellépointé ! Ah ! il est joli cé nom-là ! Il conviendrait bien à un canonnier.

BELLEPOINTE.

Aussi le suis-je.

MORIN.

Jé t'en félicité. Hé donc ! puissés-tu pointer si bien les Anglais, qu'il n'en échappé pas un.

HORNER.

Saurons-nous enfin comment s'appelle ton compagnon ?

MORIN.

Est-cé qué jé né vous l'ai pas encore dit ? Eugène, n'est-cé pas ?

ISAURE, timidement.

Oui.

MORIN.

Vous l'entendez ; il s'appelle Eugène.

BELLEPOINTE.

Ah ! ça, tu le connais au moins ?

HORNER.

Arrangez-vous. Vous en répondez sur votre tête.

MORIN.

Sur ma tête !... Un moment.

ISAUBE, bas.

Ne craignez rien... Ne m'abandonnez pas,
vous saurez tout.

(Elle lui met une bague au doigt.)

MORIN, à part.

Qué signifie ? Cetté bague est tout-à-fait
jolié.

BELLEPOINTE.

Eh bien ! tu balances ?

MORIN.

Non, jé né balancé pas. Mais où donc est
cetté grandé Reiné ? Né puis-je être admis à
l'honneur dé la voir ?

BELLEPOINTE.

Elle visite les postes avec le prince de
Galles son fils, et le duc de Lavarenne. Nous
allons à sa rencontre pour lui annoncer l'arrivée d'un homme qui, selon toute apparence,
nous sera fort utile; car d'après la disposition des
deux partis, on se portera des coups vigoureux.

(Il s'éloigne.)

MORIN.

Tant mieux, sandis! c'est cé qué jé démande
pour mé faire connaître avantageusement....
Allez, jé vous attends dé pied ferme.

(Horner, en s'en allant par le pont, les désigne à la
sentinelle, et semble lui recommander de ne pas
les perdre de vue.)

SCÈNE III.

MORIN, ISAURE.

MORIN.

Ah ça, petit gaillard, vous allez mé dire, jé pense, dans quel lieu vous avez dérobé ce bijou.

ISAURE.

Plus bas, je vous en prie.

MORIN.

Comment, sandis! plus bas!

ISAURE.

Mon cher Morin!

MORIN.

Jé né suis pas votré cher Morin. Né croyez pas mé séduiré avec des paroles emmiellées. Lé cher Morin n'a jamais été pendu, et né commencera point pour vous. Voyons... expliquons-nous vite. Vous l'avez entendu ; jé réponds dé vous. Il faut qué ma couscience soit intacte.

ISAURE.

Quoique votre caractère ne soit pas de nature à justifier la confidence que je vais vous faire, elle devient excusable par la nécessité. La situation embarassante où je me trouve, et de laquelle vous seul pouvez me tirer, exige que je vous apprenne un secret que je m'étais bien promis de ne confier à personne; mais j'ose croire que vous n'en abuserez pas.

MORIN.

C'est sélon. Au fait, dé quoi s'agit-il?

ISAURE.

De me cacher aux yeux d'un époux.

MORIN.

D'un époux?... Pétit séducteur!... N'espérez pas qué jé favorise...

ISAURE, avec dignité.

Vous ne me comprenez pas, Morin. C'est mon époux que je viens chercher en ces lieux.

MORIN.

Votre?... Eh quoi! vous seriez!...

ISAURE.

Isaure, duchesse de Lavarenne.

MORIN.

L'épouse du grand Sénéchal dé Normandie! Excusez, Madame; jé suis bien coupable d'avoir osé... On dit en effet qué M. le Duc...

ISAURE.

J'avais à peine quinze ans lorsque mes parens formèrent cette union, fondée sur les convenances, mais pour laquelle l'amour ne fut point consulté. Des intérêts de famille exigèrent même qu'elle demeurât secrète; et, si j'en excepte nos parens les plus proches, personne ne soupçonne peut-être encore aujourd'hui que le duc de Lavarenne ait changé d'état. Mon cœur, libre encore, vola au-devant de l'époux que l'on me présentait ; mais celui-ci, comblé des dons de la nature et de la fortune, énorgueilli de la faveur dont il jouissait à la cour, et des succès constans qu'il y avait obtenus, dédaigna la conquête facile d'un enfant, et me quitta bientôt pour aller cueillir les doubles lauriers que lui offraient la gloire et la galanterie.

MORIN.

Passé pour la gloire, mais...

ISAURE.

La fatalité qui semblait vouloir m'enlever sans retour le cœur du sénéchal, permit que la reine Marguerite vînt alors à Paris pour solliciter de Louis XI les moyens de venger le meurtre de son époux et de reconquérir ses États ; je ne connais pas cette princesse, mais on m'a dit souvent que sa beauté, son esprit et son courage la rendent digne de régner sur l'Univers. Sa vue ralluma l'ardente passion que le duc avait conçue pour elle à la cour de Lorraine ; car j'ai su depuis qu'il se trouvait à Nancy, lorsque le marquis de Suffolck vint y demander à René d'Anjou, la main de sa fille, pour Henri VI son maître, et qu'il avait mis en usage tous les moyens

que peuvent suggérer l'amour et la jalousie
pour empêcher cette alliance.

MORIN.

Peine perdue, Madame, peine perdue !
Toutes les fois qu'un rival peut mettre un
trône dans la balance, alors l'amour quelque
grand qu'il soit, ne pèse pas une once.

ISAURE.

Marguerite, devenue bien plus intéressante
encore par ses malheurs, se vit bientôt entourée d'une cour nombreuse ; mais de tous
les chevaliers qui accoururent lui présenter
leurs services, le duc de Lavarenne fut le
plus empressé et le mieux accueilli. Il offrit
sa fortune et son bras ; la Reine accepta l'un
et l'autre, et il parvint à rassembler en peu
de temps une petite armée, à la tête de laquelle il se flatte de la replacer sur le trône.

MORIN.

Ce n'est pas parce que j'en fais partie ; mais
maintenant je ne doute pas que cette petite
armée ne devienne avant peu une pépinière
de héros. Mais êtes-vous bien sûre que M. le
Duc ait oublié le nœud charmant qui l'unit à
une épouse, également intéressante par sa
jeunesse et par ses grâces ?

ISAURE.

Oui, Morin, je n'en saurais douter. Des
amis...

MORIN.

Ils avaient peut-être intérêt dé vous tromper.

ISAURE.

Le bruit public...

MORIN.

Est presque toujours menteur ou exagéré.
Il se pourrait qué lé duc de Lavarenne, aussi
distingué par sa courtoisie qué par ses hauts
faits d'armes, n'eût embrassé la causé dé
Marguérite, qué par enthousiasme, et pour
signaler son ardeur chévaleresque.

ISAURE.

Il n'est que trop vrai qu'il m'a totalement
bannie de son cœur. Résolue à mourir, si je
ne puis ramener l'ingrat qui m'abandonne,
j'ai voulu du moins connaître ma redtouable
rivale, et savoir jusqu'à quel point elle est
animée. Seule et sans autre guide que ma
tendresse, j'ai quitté mes domaines. Sous
ce déguisement je veux approcher de mon
époux, le voir, veiller sur lui sans être
connue, sans qu'il puisse soupçonner ma
présence. Trop heureuse si jé puis détourner
le coup qui viendrait le frapper, et le diriger
vers ce cœur rempli de son image. Vous voilà
maître de mon secret... Secondez-moi dans
le dessein généreux qui m'a conduit ici. Ah
Morin ! si de l'or peut payer votre discrétion,

je la mets à tel prix que vous exigerez. Mais,
je vous en conjure, ne trahissez pas la malheureuse Isaure.

MORIN.

Vous trahir, sandis ! A Dieu né plaise qué
jé la commette cette action infâme. (*Avec
emphase.*) Non, Madame, vous n'aurez pas
vainement compté sur mon sécours. Réprenez
cette bagué et acceptez mes services. Jé sérais
indigne du beau nom dé Français, si jé pouvais démeurer insensible aux prières de l'in-
nocencé persécutée et dé la beauté douloureuse dans les larmes. Hé donc, disposez dé
Michel Morin, il est à vous à la vie, à la mort.
(*On entend battre aux champs.*) Cé bruit
annoncé lé rétour dé la Reine.

ISAURE, regardant en dehors.

Le Duc l'accompagne. L'ingrat ! après une
aussi longue séparation, est-ce auprès d'une
rivale que je devais le revoir !

MORIN.

Madame, il n'est pas prudent dé vous offrir d'abord à sa vue ; outre que votre émotion
vous trahirait infailliblement, il sé pourrait
qué M. le Duc vous reconnût.

ISAURE.

Je n'avais que quinze ans quand il me
quitta, et cinq années à cet âge...

MORIN.

Ont dû vous développer et occasionner un

2.

changément considérable , d'accord : mais
n'importe. Jé pense qué pour plus de sûreté,
il faut ajouter encore à votre déguisement.
Céci, c'est de mon ressort. Vous êtes blonde ?
Et en un clin-d'œil jé veux vous faire brune.
Cetté jolie figure n'annonce rien de mâle...
Deux petites moustaches, artistement pla-
cées, vous donneront un air martial. Oui ,
sandis ! avant qu'il soit deux jours, jé veux
qué la reine Marguérite meurre d'amour pour
vous. Suivez-moi... J'ai dans mon havresac
tout ce qu'il faut... Éclipsons-nous... là, à
deux pas... derrière ces grands arbres...

ISAURE.

Fortune ! amour ! je m'abandonne à vous !

(Ils s'enfoncent, à droite, à travers les arbres.)

SCÈNE IV.

HORNER , LE SÉNÉCHAL , MARGUE-RITE , EDOUARD , BELLEPOINTE.

(A l'entrée de la Reine, tout le monde accourt et se
tient sous les armes.)

TOUS.

Dieu sauve la Reine !

MARGUERITE.

Braves amis ! combien ces témoignages de
votre amour me touchent et me pénètrent.
Ah ! si je désire de recouvrer ma puissance ,

c'est surtout pour avoir les moyens de reconnaître dignement tant d'affection et de fidélité.

LE SÉNÉCHAL.

Vous la recouvrerez, Madame; jamais le Ciel n'eut à protéger une cause aussi belle et plus juste.

MARGUERITE.

Plus juste! Oui. Que demandai-je aux Anglais? L'héritage de mon fils; le trône que lui a transmis son père, qui lui appartient légitimement à titre de succession, et n'a pu lui être ravi que par la coupable mobilité d'un parlement toujours prêt à se ranger du côté du plus fort.

LE SÉNÉCHAL.

Bientôt il se déclarera pour vous.

MARGUERITE.

Il le devrait, sans doute. Si l'amour des peuples est la juste récompense du bien qu'on leur a fait, qui jamais eut plus de droit que la veuve de Henri (1)? Souvent chargée par mon époux de tenir les rênes de l'État,

______

(1) Henri VI n'était pas mort à l'époque ou j'ai placé l'action. Il n'a péri que cinq ans plus tard; mais outre que sa vie a été purement passive, puisque depuis la bataille de Northampton, il est resté presque sans interruption à la tour de Londres, la supposition de sa mort devenant favorable à mon drame, j'ai cru pouvoir me permettre ce léger anachronisme. *Note de l'auteur.*

ai-je abusé de sa confiance et de mon empire ? Le bonheur de l'Angleterre n'a-t-il pas été l'unique objet de ma constante sollicitude ? Et cependant quel a été le prix de tant de soins ?... Après un règne de trente-huit ans, Henri est regardé comme un usurpateur, et c'est un Plantagenet qui occupe sa place ? Le farouche Glocester, ce tigre de la maison d'Yorck, a trempé ses mains homicides dans le sang du meilleur des Rois !... Et la veuve et le fils de Henri, naguères environnés de la splendeur du trône, sont réduits à mendier dans des cours étrangères !

LE SÉNÉCHAL.

Que dites-vous, Madame, ce mot est un outrage. Il ferait croire que les Français ont cessé d'être les défenseurs du beau sexe ! Ah ! s'ils avaient pû se montrer à ce point ennemis de leur gloire et démentir leur réputation, jusqu'à abandonner les bannières de la beauté, un seul de vos regards aurait suffi pour les y ramener tous. Qu'il vous souvienne, Madame, de l'empressement avec lequel notre jeune noblesse vola au-devant de vous !.... Louis vous avait permis d'engager à votre service tous ceux qui se présenteraient volontairement : mais il fut obligé de restreindre cette permission ; vous eussiez bientôt dépeuplé ses états.

MARGUERITE, avec affection.

Je sais aussi, cher Duc, à qui je suis redevable de tant de zèle, ce cœur ne l'oubliera jamais. (*Se tournant vers l'armée.*) Si le sort devenant plus juste, permet que, grâce à votre courage, mon fils règne un jour sur la Grande-Bretagne, les malheurs de Henri seront une leçon frappante pour sa vie entière. Formé à l'école de l'adversité, il aura sur son père l'avantage d'avoir fait l'utile épreuve de l'infortune. Peut-être le ciel n'a-t-il voulu lui donner qu'à ce prix l'instruction nécessaire pour gouverner avec sagesse. Je ne croirai pas qu'il l'ait payée trop cher, si je la fais servir au bonheur de la nation, et si je puis faire oublier à l'Angleterre, dans un règne de justice et de paix, les troubles qui la désolent depuis trop long-tems.

ÉDOUARD.

Oh oui!. quand je serai roi, je veux que tout le monde soit heureux.

(On baisse à demi la draperie qui ferme la tente de la reine, de manière à la faire remarquer.)

SCÈNE V.

LES PRÉCÉDENS, **MORIN, ISAURE,**
avec une perruque brune et des moustaches.

BELLEPOINTE, s'avançant avec respect.

Les deux Français, dont nous avons annoncé l'arrivée à sa Grace, sollicitent l'honneur d'être admis devant elle.

MARGUERITE.

Qu'ils s'approchent. Bons Français, soyez les bien venus! Je contracte chaque jour des dettes immenses envers votre nation. (*Elle regarde Lavarenne d'une manière significative.*) Un seul instant peut les acquitter. Que mes vœux s'accomplissent, et cet instant sera le plus heureux de ma vie.

ISAURE, à part avec inquiétude.

Quelle expression! Comme elle a regardé le Sénéchal.

BELLEPOINTE, à Morin.

Tes papiers.

(*Morin les lui donne et Bellepointe les remet au Sénéchal qui les examine.*)

MORIN, à part.

Prouvons que je suis modeste quoique gascon, (*Haut, après avoir salué respectueusement Marguerite.*) Grande reine, il est vrai que je possède des talens prodigieux, mais il est encore plus vrai que mon zèle, pour votre service, est mille fois au-dessus de mes talens.

ÉDOUARD, à Isaure.

Et toi, viens-tu aussi te battre pour nous ?

ISAURE.

Oui, mon Prince. Vaincre ou mourir fut toujours la devise des Français; je sens mieux que jamais aujourd'hui que c'est la seule qui me convienne.

MARGUERITE.

Ce jeune homme a une figure tout-à-fait distinguée.

MORIN, à part.

Grâce à mes moustaches !

LE SÉNÉCHAL.

Et une voix bien touchante.

ISAURE, à part.

L'ingrat la méconnaît !

MORIN, à part.

Puissé-t-elle arriver jusqu'à son cœur !

LE SÉNÉCHAL.

Il s'exprime avec une grâce parfaite.

MARGUERITE.

Ce serait dommage de l'exposer aux dangers des combats.

MORIN, bas à Isaure.

Le charme opère. Hé donc ! quand je vous ai dit...

ÉDOUARD, à sa mère.

Je supplie votre Grâce de permettre qu'il me serve de page.

MARGUERITE.

Mais... oui. N'y consentez-vous pas...

(Elle paraît désirer savoir son nom.)

BELLEPOINTE.

Il se nomme Eugène.

MARGUERITE.

Eugène ?

ÉDOUARD.

Dis oui, je t'en prie.

ISAURE.

Tout ce qui me rapprochera de votre auguste personne, Madame, ne peut que m'honorer et combler mes plus chers désirs.

ÉDOUARD, à Isaure.

Oh ! tu es bien aimable ! embrasse-moi... La reine le permet. Écoute, tu ne me quitteras plus... Sais-tu manier la lance, l'épée ?

ISAURE.

Je suis bien novice encore.

ÉDOUARD.

Tant pis ! tu m'aurais appris ce que tu sais. Eh bien, c'est moi qui serai ton maître. Nous nous escrimerons du matin au soir. Je veux devenir bien habile afin de battre nos ennemis. Quand on veut être roi, il faut s'accoutumer de bonne heure à donner l'exemple.

MARGUERITE.

Oui, mon fils ; n'oubliez jamais que le trône impose tous les devoirs, et ne dispense d'aucun.

LE SÉNÉCHAL.

Il sera le digne héritier des vertus et du courage de sa mère. Bellepointe, je te charge de l'éducation militaire du jeune Prince et d'Eugène.

BELLEPOINTE.

M. le Duc, j'accepte avec transport cet honorable emploi, et je m'en acquitterai...

MARGUERITE.

Comme un Français ; c'est tout dire.

HORNER, avec humeur.

Toujours les Français ! Toutes les faveurs, tous les éloges sont pour eux.

BELLEPOINTE.

C'est tout simple, mon camarade. D'abord, sans amour-propre, ils le méritent ; et puis, la reine est Française : voilà, j'espère, des raisons sans réplique.

ÉDOUARD.

Allons, Bellepointe, viens tout de suite nous donner une leçon.

BELLEPOINTE.

Je suis à vos ordres, mon Prince.

ÉDOUARD, à Isaure.

Viens.

(Isaure hésite, on voit qu'elle est fâchée de laisser son époux avec la reine.)

.MARGUERITE.

Allez, Eugène.

MORIN.

Moi, je vous suis pour chanter le vainqueur.

(Edouard sort en tenant Isaure par la main. Ils sont
suivis de Bellepointe et de Morin.)

MARGUERITE, à Horner.

Laissez-nous.

(Horner sort.)

SCÈNE VI.

MARGUERITE, LE SÉNÉCHAL.

(La tente est entièrement fermée.)

MARGUERITE.

Eh bien ! Sénéchal, que pensez-vous de
l'évènement qui se prépare, et qui va décider
de mon sort ?

LE SÉNÉCHAL.

Tout vous présage le plus heureux succès,
Madame. Le Northumberland retentit partout du bruit des armes ; le roi d'Écosse vous
envoie des secours ; le duc de Sommerset
s'avance à la tête de douze mille hommes ;
le peuple vient de toutes parts se ranger
sous vos drapeaux...

MARGUERITE.

Le peuple! Ah! Sénéchal, qui plus que moi a fait l'épreuve de son inconstance? Il se presse, il me flatte aujourd'hui, dans l'espoir des récompenses, parce qu'il croit au retour de mon pouvoir. Que demain un nuage obscurcisse l'éclat passager qui m'environne, cette foule empressée se dissipera comme une ombre légère, et je ne trouverai plus que des ennemis, des assassins peut-être, dans ces hommes en apparence si fidèles et si dévoués.

LE SÉNÉCHAL.

Ah! Madame, ce tableau affligeant...

MARGUERITE.

Est vrai. Il est justifié par l'expérience de tous les tems. Je n'ai qu'un ami, un ami sûr et véritablement sincère. L'homme, qui pour me suivre et défendre ma cause, a abandonné son pays et sa famille, s'est dépouillé pour moi de tout ce qu'il possédait, a renoncé à son rang, à ses titres, à sa fortune, est le seul sur qui je puisse compter; celui-là seul mérite tous mes sentimens.

LE SÉNÉCHAL.

Ce que j'ai fait pour vous, Madame, est loin de ce que vous méritez. (*A part.*) Qu'il m'en coûte pour retenir ce fatal secret toujours prêt à s'échapper.

MARGUERITE.

Vous soupirez, Sénéchal! Vous avez des peines.

LE SÉNÉCHAL.

Oui, Madame... Mais parlons de vos espérances.

MARGUERITE.

Non, mon ami, parlons avant tout de vos chagrins; je veux les connaître.

LE SÉNÉCHAL.

Permettez que nous nous occupions de vos seuls intérêts.

MARGUERITE.

Mon cher Sénéchal; depuis long-tems je respecte vos secrets. Si j'ai mérité votre confiance ne balancez pas à m'ouvrir votre cœur. Ce n'est pas la curiosité qui me fait désirer de lire dans votre âme; c'est l'intérêt le plus vif, l'amitié la plus tendre.

LE SÉNÉCHAL, à part.

Honneur, devoir, soutenez mon courage.

MARGUERITE.

Demain, aujourd'hui peut-être, nous volerons au combat. Qui sait le sort qui nous attend, et si le signal redoutable ne sera point celui de notre séparation. Au nom du Ciel, ne me cachez pas vos chagrins, leur poids sera plus léger, si une amie véritable les partage.

LE SÉNÉCHAL.

Ah! Madame!

MARGUERITE.

Quels sont les maux que ne peuvent guérir le tems et l'amitié?

LE SÉNÉCHAL.

Les miens. Ah! vous êtes loin d'en soupçonner toute l'étendue. Luttant sans cesse avec moi-même; me fesant une violence continuelle pour les renfermer dans mon sein; à jamais privé de l'espérance de les voir terminés; entièrement livré à une passion insurmontable, qui fait le charme et le tourment de mon existence... de grâce, Madame, ne me forcez pas à vous en dire davantage; laissez-moi me consumer en silence; ne m'exposez pas à perdre à la fois votre estime et la vie; laissez-moi mourir digne d'être plaint, d'être regretté par votre âme sensible, qui ne connaîtra pas, qui ne doit jamais connaître la cause de mon désespoir.

MARGUERITE.

Quoi! Sénéchal, aimeriez-vous?

LE SÉNÉCHAL.

Dites donc que j'adore, que j'idolâtre!... Oui, le sort en est jeté! Dussé-je en périr, il faut que ma bouche confirme ce que mon trouble a dû vous apprendre. Mon amour est trop violent pour vous le taire plus long-

3.

tems. Oui, Marguerite, je vous aime; je vous adore; cette passion chère et fatale, fera le destin de ma vie. Je ne puis rien opposer à son invincible puissance. C'est en vain que j'ai combattu ce sentiment impérieux Je suis coupable, je l'avoue, je suis indigne de pardon; je sens que je vous fais une mortelle offense... Mais la force humaine ne peut résister à tant d'assauts. Connaissez toute la violence de l'amour que vous m'avez inspiré. Votre colère, le tems, l'absence, le bouleversement de la nature entière, ne pourraient vous bannir de ce cœur où vous régnez, et qui battra pour vous tant qu'une goutte de ce sang que vous animez, circulera dans mes veines.

MARGUERITE.

Relevez-vous, Sénéchal. Loin de m'irriter, votre aveu me touche.

LE SÉNÉCHAL.

Qu'avez-vous dit ?

MARGUERITE.

Que je ne puis me défendre d'éprouver la plus vive reconnaissance pour un guerrier digne de toute mon admiration. Oui, Sénéchal, je ne crains pas de l'avouer; si je recouvrais ma couronne et qu'il me fût permis de la partager avec vous, je croirais ne pouvoir mieux servir ma nation qu'en m'associant un héros qui mettrait son bonheur et sa gloire à défendre mes droits.

LE SÉNÉCHAL, anéanti.

Qu'entends-je ?

MARGUERITE.

La vérité.

LE SÉNÉCHAL.

Oh ! moment délicieux et cruel !

MARGUERITE.

Je le pourrais sans crime, puisque je n'appartiens qu'à moi seule.

LE SÉNÉCHAL.

Sans crime ! et moi, moi !... (*Il se cache la tête dans ses mains.*) Oh ! jour à la fois heureux et terrible !... Marguerite, s'il arrivait que nous fussions séparés, promettez-moi du moins que vous me conserverez votre estime.

MARGUERITE.

Elle fut et sera toujours la base de mes sentimens pour vous. Mais vous me cachez quelque secret qui vous afflige. Cher Lavarenne, je vous en conjure, expliquez-moi la cause du trouble où je vous vois.

LE SÉNÉCHAL.

Vous la connaîtrez un jour. Alors, loin de m'accuser, vous me plaindrez ; oui, Marguerite, vous me plaindrez, car je suis bien malheureux. (*A part.*) Quel mal tu me fais, cruelle Isaure !

SCÈNE VII.

MARGUERITE, ISAURE, LE SÉNÉCHAL.

ISAURE, *ouvrant la tente.*

QUE désire Monseigneur ?

MARGUERITE.

Rien. Laissez-nous.

SCÈNE VIII.

MARGUERITE, ÉDOUARD, BELLE-POINTE, ISAURE, LE SÉNÉ-CHAL.

ÉDOUARD, *accourant avec une lance à la main.*

VIENS donc, Eugène. Pourquoi as-tu quitté la leçon ?

ISAURE.

Pardon, mon Prince ; j'ai cru que l'on m'appelait. (*Douloureusement.*) Mais je me suis trompée.

ÉDOUARD.

La reine veut-elle permettre que je lui montre ce que je sais ?

MARGUERITE.

Oui, mon fils.

ÉDOUARD.

Allons, Bellepointe; d'abord l'exercice de la lance. (*Aux différens signes de Bellepointe, il exécute, en marchant, tous les mouvemens que l'on peut faire avec la lance et le javelot.*) Maintenant l'arme blanche. (*Il remet sa lance à Bellepointe qui lui donne une épée. Il s'escrime avec Isaure, et déploie beaucoup d'adresse et de vivacité dans ce petit combat, à la fin duquel Isaure laisse échapper son arme. Édouard, au comble de la joie, court dans les bras de Marguerite.*) La reine voit bien que j'en sais maintenant plus qu'il ne faut pour battre les Anglais.

MARGUERITE, à Bellepointe.

Voilà un élève qui vous fera honneur.

SCÈNE IX.

BELLEPOINTE, MARGUERITE, ÉDOUARD, HORNER, LE SÉNÉCHAL, ISAURE, STOFFEL.

HORNER, à la reine.

Un courier, qui arrive à l'instant, apporte cette lettre du duc de Sommerset, pour votre Grâce.

MARGUERITE ouvre la lettre.

(Pendant qu'elle lit, Stoffel passe derrière les
personnages et se glisse, sans être vu, dans un
coin de la tente, à droite. Après avoir lu, Marguerite s'approche de Lavareune et lui dit :)

Le duc me mande qu'il s'avance vers nous
à marches forcées, et qu'il espère nous rejoindre peut-être aujourd'hui. Des feux allu-
més sur le sommet des montagnes voisines
annonceront son arrivée.

STOFFEL, à part.

Des feux sur les montagnes !.... Bon !

MARGUERITE.

Ils nous serviront de signal pour attaquer
e féroce Glocester dans ses lignes, avant que
Warwick ait pu le rejoindre, et qu'il ait eu
le tems de rassembler toutes ses forces. Surpris de notre audace, il ne nous opposera
qu'une faible résistance, et Sommerset, qui
tombera à l'improviste sur ses flancs, ache-
vera sa défaite.

LE SÉNÉCHAL.

Ce plan est bien conçu.

STOFFEL, à part.

Je vais le déranger.

(Il sort furtivement.)

SCÈNE X.

BELLEPOINTE, ISAURE, ÉDOUARD, MARGUERITE, LE SÉNÉCHAL, HORNER.

MARGUERITE.

Pendant que je vais parcourir la droite de l'armée, pour concerter avec les chefs les divers mouvemens qu'ils doivent exécuter, vous, Sénéchal, faites avec vos braves français, toutes les dispositions que vous jugerez convenables pour empêcher le passage de la rivière, et surtout pour la défense du pont. (*A demi-voix.*) Nous nous reverrons bientôt, et j'espère alors connaître tous vos secrets. (*Haut.*) Suivez-moi, Édouard; venez montrer à nos défenseurs celui qui doit être leur roi.

(*Elle sort suivie de son fils et d'Horner. Bellepointe et Isaure se retirent.*)

SCÈNE XI.

ISAURE, LE SÉNÉCHAL.

LE SÉNÉCHAL.

Oui ! je dois le faire cet aveu, qui va détruire à jamais mon bonheur et renverser mes plus chères espérances. Si je le retardais plus long-tems, Marguerite pourrait croire que j'ai voulu la tromper. Elle aurait le droit de m'accuser de perfidie, de lâcheté. Grand Dieu! Mes maux sont à leur comble; mais ce serait-là le plus affreux de tous.

(Il s'assied près d'une table placée à droite dans un coin de la tente.)

ISAURE, à part, entr'ouvrant doucement la tente.

Mon cœur me dit de voler dans ses bras; mais la crainte plus forte me retient et semble enchaîner ma volonté.

LE SÉNÉCHAL, écrivant.

« Pardonnez, grande reine, si la crainte
» d'attirer sur moi votre courroux, m'a fait
» vous cacher le secret redoutable qui cause
» mon malheur. »

ISAURE, à part.

S'il blâmait une démarche inspirée par l'amour... s'il me repoussait de son sein!.., ah! j'en mourrais, je le sens.

LE SÉNÉCHAL, écrivant.

« Envain vous m'avez flatté du plus heu-
» reux espoir. Le sort nous sépare à jamais.
» Hélas! ces mots si doux qui pourraient
» nous unir, je les ai prononcés. »

ISAURE, à part.

Ses regards douloureux se portent vers le ciel; on dirait qu'il l'accuse. (A genoux.) Mon Dieu! quelle que soit la cause de sa peine, daigne l'adoucir ; ramène ses pensées vers celle qui lui a donné son cœur, et qui voudrait lui consacrer chaque instant de sa vie.

LE SÉNÉCHAL, *continuant d'écrire.*

» Oui, une autre a reçu mes sermens, et
» je ne puis me le dissimuler, elle mérite
» toute mon estime, elle mériterait tout
» l'amour d'un cœur qui ne serait pas rem-
» pli de l'image de Marguerite.

ISAURE, *à part, avec tristesse.*

Il a parlé de Marguerite.

LE SÉNÉCHAL, *écrivant.*

» Je suis donc coupable en vous aimant,
» et l'honneur veut que je vous empêche [de
» vous livrer à un sentiment que je ne puis
» éprouver sans crime. Adieu, Marguerite ;
» je vais chercher dans les combats un repos
» que je ne puis plus connaître près de vous.
» Adieu, vous ne verrez plus l'infortuné LA-
» VARENNE. » (*Il se lève après avoir plié et cacheté la lettre.*) Maintenant que j'ai satis-fait à ce qu'exigeaient l'honneur et la loyauté, je me sens moins malheureux ; mon cœur bat plus librement. Il est là, l'éternel sentiment de notre devoir ; nul ne peut s'y soustraire. Par qui ferai-je tenir cette lettre à la Reine ? (*Il aperçoit Isaure.*) Te voilà, Eugène ? tant mieux ! quoique je ne te connaisse que de-puis un moment, cependant je te préfère à tout autre pour la commission délicate dont

il s'agit. Ta figure, ta manière de t'exprimer, annoncent une ame honnête et de l'intelligence.

ISAURE.

Ce que je désire le plus au monde, c'est de plaire à M. le Duc.

LE SÉNÉCHAL, à part.

Sa voix a je ne sais quelle inflexion.... (*Haut.*) Écoute, Eugène. Selon toute apparence, aujourd'hui, ou demain au plus tard, on se battra.

ISAURE.

Ciel !

LE SÉNÉCHAL.

Eh bien ! tu as peur ?

ISAURE, avec une sensibilité naïve.

Non pas pour moi, Monseigneur.

LE SÉNÉCHAL.

Et pour qui donc ?

ISAURE.

Mais pour vous... pour la reine. (*A part.*) Sachons jusqu'à quel point il l'aime.

LE SÉNÉCHAL.

N'est-ce pas que tu n'as pu te défendre, en la voyant, d'une impression subite ?

ISAURE.

Il est vrai, Monseigneur ; j'ai éprouvé...

LE SÉNÉCHAL.

Ce qu'elle inspire à tous ceux qui ont le bonheur d'être admis près d'elle.

ISAURE.

Monseigneur paraît bien pénétré de toutes ses perfections.

LE SÉNÉCHAL.

Je ne le cache point, elles ont excité mon enthousiasme et mon admiration. L'espoir d'illustrer mon nom en défendant les droits d'une princesse malheureuse a dû exalter mon courage, et je suis résolu à mourir, s'il le faut, pour replacer Marguerite sur le trône qui lui appartient.

ISAURE.

Mourir ! Et M. le Duc ne regrettera rien ?

LE SÉNÉCHAL.

Rien ! Qui t'a dit ?...

ISAURE.

Je pensais bien qu'un seigneur aussi galant, aussi aimable, devait avoir laissé en France...

LE SÉNÉCHAL, à part.

En France !... Oui !... (*Il soupire.*) Je ne puis, je ne dois jamais l'oublier.

ISAURE, à part.

Je n'ai pas perdu toute espérance.

LE SÉNÉCHAL.

Mais vous êtes curieux, Eugène.

ISAURE.

Pardon, Monseigneur. Je ne me consolerais pas de vous avoir offensé.

LE SÉNÉCHAL.

Revenons à l'objet dont je te parlais. L'emploi que t'a donné la Reine t'attache à sa personne et à celle de son fils ; ainsi tu ne les quitteras point.

ISAURE.

Et vous, Monseigneur, vous ne serez donc pas auprès d'elle ?

LE SÉNÉCHAL.

Non.

ISAURE, à part.

Tant mieux !

LE SÉNÉCHAL.

Je commande l'aile droite, et la Reine doit demeurer au centre. Après la bataille, et quelle qu'en soit l'issue, tu remettras cette lettre à Marguerite. Tu me jures sur l'honneur de ne point la lui donner auparavant ?

ISAURE.

Oui, Monseigneur.

(Elle prend la lettre.)

LE SÉNÉCHAL.

J'aime à croire que tu rempliras fidèlement ta promesse, et je veux t'en récompenser d'avance. (*Il lui offre une bourse.*) Il y a là de quoi assurer ta fortune.

ISAURE, *avec dignité.*

On n'achète point la fidélité, Monseigneur:
de l'or ne saurait la payer.

LE SÉNÉCHAL.

Tu as raison. Je vois avec plaisir que je
ne me suis pas trompé sur ton compte. Tiens,
ce souvenir te flattera davantage.
(Il lui donne un anneau.)

ISAURE.

Je n'en avais pas besoin ; mais je l'accepte
avec transport. Il ne me quittera jamais.

LE SÉNÉCHAL.

Adieu , Eugène.
(Il ouvre la tente, dont on relève la draperie comme
au commencement de l'acte.)

ISAURE.

Est-ce que je ne dois plus revoir Monseigneur ?

LE SÉNÉCHAL.

Je vais parcourir la partie du camp qui est
confiée à mon commandement, et je reviendrai bientôt trouver ici la Reine, pour lui
rendre compte de l'exécution des ordres
qu'elle m'a donnés.

ISAURE.

Si j'osais...

LE SÉNÉCHAL.

Parle.

4.

ISAURE.

Je prierais Monseigneur de me permettre
de l'accompagner.

LE SÉNÉCHAL.

Viens, mon ami.

ISAURE.

Ah! Monseigneur...

(Elle se précipite sur sa main.)

LE SÉNÉCHAL.

Bon Eugène!

ISAURE.

Vous comblez tous mes vœux!

LE SÉNÉCHAL.

Il m'intéresse vivement.

(Ils sortent tous deux par la gauche.)

SCÈNE XII.

STOFFEL.

(Il était caché derrière la tente. Il suit de loin le
Sénéchal et Isaure, en jetant les yeux de tous
côtés. Dans les mouvemens qui vont être indiqués, il n'agit que quand la sentinelle du pont a
le dos tourné. Il tient un arc à la main.)

JE viens de lancer de l'autre côté du fleuve
un avis qui annonce au duc de Glocester
l'arrivée prochaine de Sommerset et le signal
convenu. Je ne doute pas qu'il n'en fasse

promptement usage, et que nous ne voyions bientôt paraître sur le sommet des montagnes des feux trompeurs, qui éclaireront la défaite de Marguerite, au lieu du triomphe dont elle se flatte. Il me reste maintenant à remplir l'objet principal de mon message. Je dois placer sous ce pont cette boîte remplie de je ne sais quelle composition diabolique, dont l'explosion terrible et subite, au passage de la Reine, doit la frapper d'une mort inévitable. C'est à l'insu de Carl, de notre chef, que j'ai sollicité cette commission. Quelle serait sa colère s'il savait qu'un autre que lui est chargé de donner la mort à cette Reine altière, dont il est, depuis douze ans, l'implacable ennemi ! Quoique je ne me pique pas du tout de sensibilité, au contraire, j'avoue que ce moyen me répugne. Mais j'ai promis ; on me paie pour cela ; un honnête homme n'a que sa parole.

(Il va placer adroitement sous le pont une boîte qu'il tenait cachée sous son manteau.)

SCÈNE XIII.

STOFFEL, MORIN, puis **BELLEPOINTE**
et DES SOLDATS.

MORIN, de loin, à Stoffel.

HÉ ! camarade...

STOFFEL *se retourne, voit Morin, et change sur-le-champ d'attitude; il feint d'être aveugle et boiteux. Il dit à part.*

On vient!... Changeons de rôle.

MORIN.

N'avez-vous pas vu?...

STOFFEL.

Vu! Hélas! je le voudrais bien. Mais je suis privé de cet organe si nécessaire.

(Il se dirige vers la rivière.)

MORIN.

Comment, vous êtes aveugle?... Eh bien! prenez donc garde, vous allez tomber dans la rivière. (*Il regarde autour de lui.*) Hé! Bellépointe! Bellépointe! viens donc.

BELLEPOINTE.

Que veux-tu?

MORIN.

Avez-vous perdu la tête?... Qué diable faites-vous ici dé cet aveugle? Il sé noyait si jé né fusse arrivé.

BELLEPOINTE.

Qu'est-ce que tu dis? Je ne connais point d'aveugle dans l'armée.

(Il arrive successivement plusieurs soldats qui sont attirés par les cris de Morin.)

STOFFEL, *à part.*

Aïe! aïe!

MORIN.

Tu né connais pas ?... (*A part.*) Dans lé fait, dé loin il m'avait paru ingambe. (*Bas à Bellepointe.*) Jé soupçonne lé drôle ! Interrogez-le.

BELLEPOINTE.

Qui es-tu, l'ami ?

STOFFEL.

Hélas ! je suis un malheureux que la nature a cruellement maltraité.

BELLEPOINTE.

Que viens-tu faire dans ce camp ?

STOFFEL.

Implorer quelque secours de la pitié.

MORIN.

Y a-t-il long-tems que tu es aveugle ?

STOFFEL.

Depuis ma naissance.

MORIN.

Tant mieux, sandis ! (*Bas à Bellepointe.*) Nous allons savoir la vérité. (*Haut.*) Vite uné lancette, un bistouri, qué jé lui fasse l'opératiou.

STOFFEL.

Miséricorde ! je ne la supporterai jamais.

MORIN, bas à Bellepointe.

Il a peur : c'est un fourbe. Mais jé veux en être encore plus sûr. (*Haut.*) Voyous qué j'examine ses yeux. (*Il s'approche de Stoffel, qui est tenu par deux ou trois soldats*) C'est cé qu'il mé faut. Lé malade a tous les symptômes réquis. Jé vais l'opérer devant vous. (*Bas à Bellepointe.*) Il n'est pas plus aveugle qué moi.

STOFFEL.

Grâce, M. le Docteur.

MORIN.

Mais non ; j'y songe. C'est lé Ciel qui mé l'envoie. Dépuis long-tems jé cherche l'occasion dé faire usage d'une eau admirable, dont la découverte doit m'immortaliser.

STOFFEL, à part.

Ouf! Je respire. Feignons d'être guéri par l'effet de cette eau. (*Haut.*) Oui, M. le Docteur, je préfère ce moyen ; il offre moins de dangers.

MORIN.

Que l'on m'apporte ma pharmacie. (*Bas à Bellepointe.*) Un peu d'eau dé la rivière. (*Avec emphase.*) Vous allez être témoins d'une cure miraculeuse. Faites asseoir l'aveugle. Ah! ah! les cent bouches de la Rénommée seront insuffisantes pour publier cette étonnante guérison.

STOFFEL, à part.

La bonne dupe !

(*On apporte un siége, on fait asseoir Stoffel. Bellepointe revient et apporte de l'eau dans un verre.*)

MORIN.

Bien ! Voilà la précieuse fiole... la voilà cette liqueur divine, dont la composition m'a coûté tant dé veilles. Attention ! tout lé monde.

(Il laisse tomber quelques gouttes d'eau sur les yeux de Stoffel.)

STOFFEL, ouvrant les yeux, et paraissant frappé de l'éclat du jour.

Quelle eau miraculeuse !... O mon bienfaiteur !

MORIN, à tous ceux qui l'entourent.

Eh donc ! vous avez vu le prodige !... Mais il mé semble qué lé miracle est imparfait, et qué tu né distingues pas encore bien les objets?

STOFFEL.

A merveille !

MORIN.

J'en veux juger. Dé quellé couleur est cé vêtement?

(Il lui montre une étoffe rouge.)

STOFFEL.

Rouge.

MORIN.

Bravo ! Et célui-ci ?

STOFFEL.

Jaune.

MORIN.

Bravissimo ! Et cet autre ?

STOFFEL.

Noir.

MORIN.

Rusé scélérat ! Tu es aveugle de naissance,
dis-tu, et tu connais les couleurs !

STOFFEL, à part·

Oh ! maladroit ! Le drôle est plus fin que
moi.

MORIN.

Ah ! triple coquin ! né bougé pas... Si mon
bras sé lève sur toi, tu peux regarder à tes
pieds : c'est comme si ta fosse y était creusée.
Mais sélon toute apparence, tu n'es pas plus
boiteux que tu n'étais aveugle. Eh donc !
c'est cé qué nous allons voir. Viens çà, bé-
litre, espion maudit. (*Il le place à droite de
la scène.*) Bellepointe, ton sabre ? (*Morin
tire le sien ; tous les soldats en font autant.*)
Maintenant, sauté, coquin, où nous te cou-
pons les jambes.

STOFFEL.

Qu'exigez-vous de moi ? Je puis à peine
me soutenir.

MORIN.

Sauté, té dis-je. (*Stoffel saute à plusieurs
reprises par-dessus les sabres, et se sauve à
toutes jambes, à travers le camp. Morin le
poursuit et l'arrête.*) Tu voudrais t'échapper,
jé pensé. Nenni da ! jé veux avoir l'honneur

dé le conduire moi-même à la garde du camp. (*Il place Stoffel entre quatre soldats, et marche à leur tête d'un air triomphant.*) Ah ! ah ! première victoire, en attendant la seconde. En avant, marche.

SCÈNE XIV.

ISAURE, LE SÉNÉCHAL, MARGUERITE, ÉDOUARD, BELLEPOINTE, HORNER, SOLDATS FRANÇAIS, PAYSANS ARMÉS.

(On voit briller des feux sur les montagnes du fond. On entend battre la générale.)

HORNER.

Voici la Reine.

BELLEPOINTE.

Et M. le Sénéchal.

MARGUERITE, entrant par la droite, au Sénéchal, qui vient à sa rencontre.

Sénéchal, voilà les feux qui nous annoncent l'arrivée de Sommerset.

LE SÉNÉCHAL.

Madame, j'ai parcouru l'armée, et j'ai trouvé tous les cœurs animés d'un égal enthousiasme. Officiers, soldats, tous se disputent l'honneur d'occuper les postes les plus périlleux. Je crois que vous pouvez tout espérer d'une si belle ardeur, et qu'il est pru-

dent de ne la point laisser se ralentir. Donnez de suite le signal du combat.

(*Au signe de Marguerite, Bellepointe et Horner
crient aux armes. Ce cri est répété dans le camp.
L'armée se rassemble.*)

MARGUERITE.

Avant tout, demandons au Ciel de nous
être favorable. (*Au signe de Marguerite
toute l'armée se prosterne.*) Protecteur éternel du juste, exauce les vœux d'une mère infortunée. Dieu des armées, verse dans l'ame
de ces guerriers tous les feux dont la mienne
est embrasée. O mon Dieu! j'adore tes décrets; mais s'il faut que le jour qui nous
éclaire soit le dernier de ma puissance, s'il
doit soumettre pour jamais cet empire au
joug d'un tyran, fais du moins que je rencontre l'assassin de mon époux; donne-moi
la force de le combattre, et que mon bras
puisse trouver le chemin de son cœur. C'est
là que vous trouverez le farouche Glocester.
(*Tous les soldats se lèvent.*) Puisse le Ciel
l'offrir à vos premiers coups! Viens, mon
fils; malgré ta jeunesse, viens apprendre
comment on doit reconquérir un trône.

(*La Reine présente sa main au Sénéchal, qui la baise
avec tendresse; puis elle sort en traversant le
pont à la tête d'une partie de l'armée. Isaure le
laisse aller et vient auprès de son époux; mais le
jeune prince, qui l'appelle, l'oblige à s'éloigner
du Sénéchal.*)

SCÈNE XV.

LE SÉNÉCHAL, SOLDATS FRANÇAIS.

LE SÉNÉCHAL, à ses soldats.

Pour vous, il suffit d'un mot. Vous êtes Français ; l'ennemi est là ; c'est vous montrer la victoire.

(Marche vive. Bellepointe commande l'artillerie. Tous sortent par la gauche.)

SCÈNE XVI.

HORNER, SOLDATS ET PAYSANS de l'armée de Marguerite.

(Le canon gronde. On entend le bruit du combat. Bientôt l'armée de Marguerite est repoussée. On voit passer des corps en déroute.)

HORNER, en fuyant.

O trahison infâme ! ces feux nous ont trompés. Au lieu de Sommerset nous avons trouvé l'ennemi.

(Des soldats des deux partis passent en combattant. Les Lancastriens sont battus.)

SCÈNE XVII.

ISAURE, MORIN.

ISAURE.

CHER Sénéchal, où êtes-vous?

MORIN, l'entraînant en deçà du pont.

Tout est désespéré! Songeons à nous soustraire à un trépas inévitable. Venez, Madame, cachons-nous derrière cette tente.

ISAURE.

Cher Lavarenne!

MORIN.

Paix donc! vos cris né lé sauveront pas, et ils peuvent nous perdre... ici, Madame.
(Il se cachent dans un coin de la tente à droite, derrière un faisceau d'armes.)

SCÈNE XVIII.

LES PRÉCÉDENS, MARGUERITE, ÉDOUARD, FRANÇAIS, SOLDATS ANGLAIS.

(Un gros d'Anglais veut prendre la Reine et son fils qui sont entourés et défendus par des Français; ceux-ci barrent le pont tandis que Marguerite passe avec Edouard.)

MARGUERITE, en fuyant.

O JOURNÉE désastreuse! les élémens eux-

mêmes semblent conspirer contre moi !...
(*A ses officiers.*) Cherchez partout le duc de
Lavarenne, et dites-lui qu'il me trouvera
dans la forêt d'Exham.

(Elle disparaît par la droite.)

SCÈNE XIX.

STOFFEL, ISAURE, MORIN.

STOFFEL, paraissant à gauche.

MALÉDICTION ! je suis arrivé trop tard.

MORIN, à part.

Encore l'espion maudit ! ils l'ont laissé s'é-
chapper.

STOFFEL.

Cependant l'occasion était belle !... Dans
la forêt d'Exham, a-t-elle dit. Allons vite
porter cette nouvelle au duc de Glocester.

(Il remonte du côté du pont.)

MORIN ; il a parlé bas à Isaure, tous deux viennent
surprendre Stoffel parderrière.

Misérable !... oui, c'est encore moi !...
Viens çà, coquin, couché-toi là... S'il t'é-
chappe un mot, un geste, un regard, je te
perce le cœur.

(Ils l'entraînent auprès d'eux. Morin ne le perd pas
de vue, et lui tient un poignard sur la poitrine.)

SCÈNE XX.

LES PRÉCÉDENS, GLOCESTER.

(Glocester traverse le pont ; il est précédé et suivi
de soldats anglais.)

GLOCESTER.

POINT de prisonniers, que tous les vain-
cus soient passés au fil de l'épée. Que l'on
cherche partout Marguerite, son fils, et le
Sénéchal de Normandie. Je promets mille
pièces d'or et ma protection à celui qui me
les ramenera.

(Stoffel fait un mouvement.)

MORIN, bas et le contenant.

Silence, coquin ! ou j'enfonce.

GLOCESTER.

A-t-on vu Stoffel ? Sait-on ce qu'il est devenu ? Le misérable n'a point exécuté l'ordre
que je lui ai donné. Cependant le moyen était
infaillible. Il était chargé de faire sauter ce
pont au passage de la Reine ; Marguerite devait périr, et nous coupions à l'ennemi le
chemin de la retraite. Sans doute l'avis qu'il
nous a fait parvenir a été utile ; mais je re-
garderai ma victoire comme incomplète tant
que je n'aurai point en mon pouvoir cette
femme redoutable. Il était facile de culbuter
des milliers de paysans armés à la hâte, et

peu faits à la discipline ; mais il nous reste à
vaincre Lavarenne et ses intrépides Français.
Je ne les ai point aperçus dans la mêlée. Tenons-nous sur nos gardes ; il serait possible
que ce calme apparent ne fût que le précur-
seur d'une tempête.

SCÈNE XXI.

LES PRÉCÉDENS, **LAVARENNE**, quelques
soldats français.

LAVARENNE, arrivant par le pont.

Tu l'as dit, Glocester, la tempête va fondre
sur toi. (*Il s'élance sur Glocester et tous
deux se battent. Isaure quitte sa place et
veut combattre auprès de Lavarenne.*) Non,
non, Eugène; laisse-moi le vaincre tout seul.
(Il s'engage entre la suite de Lavarenne et celle de
Glocester un combat très-vif, dans lequel les Français sont vainqueurs.)

GLOCESTER, à la cantonade à droite.

A moi, Anglais!
(Une ligne d'Anglais s'avance à droite, et repousse
les Français qui se trouvent trop inférieurs en
nombre.)

SCÈNE XXII.

LES PRÉCÉDENS, BELLEPOINTE et DES
SOLDATS FRANÇAIS.

BELLEPOINTE.

En avant, Français ! exterminez ces fa-
rouches insulaires.

(Les colonnes françaises débusquent par la gauche,
et se forment en ligne de bataille, en marchant
au pas de charge, et la lance en avant; protégées
par l'artillerie que commande Bellepointe, elles
ont bientôt culbuté les Anglais, qui ne peuvent
soutenir ce choc terrible. Gloccster et Lavarenne
sortent en se battant. Isaure suit Lavarenne.)

SCÈNE XXIII.

BELLEPOINTE, STOFFEL, MORIN.

(Après la déroute des Anglais, on voit reparaître
Stoffel qui s'est échappé pendant le combat. Il
cherche à s'esquiver ; mais le vigilant Morin est à
sa poursuite.)

MORIN.

Tu as beau faire, sandis ! tu né m'échapperas pas. (*Stoffel veut fuir en traversant
le pont. Morin crie à tue-tête.*) Bellepointe !
Bellepointe ! arrête l'aveugle ! arrête-lé, mon
ami.

(Bellepointe, la mèche à la main , s'élance à la rencontre de Stoffel et le force à rétrograder.)

BELLEPOINTE.

Encore ce coquin ! il faut le mettre à la bouche du canon.

MORIN.

Non pas, sandis ! cé sérait un coup perdu ; eh donc ! nous allons en faire une capilotade. Sais-tu ? lé monstre était chargé dé faire sauter cé pont au passage dé la Reine.

BELLEPOINTE.

Scélérat ! tu vas périr.

STOFFEL.

Miséricorde ! à moi, Anglais !

BELLEPOINTE.

Te tairas-tu ?

MORIN.

Laisse-lé crier.
(On entend le bruit d'une troupe qui s'approche.)

STOFFEL, d'un air fanfaron.

Frappez, si vous l'osez. Voilà les Anglais qui s'approchent.

MORIN.

Tant mieux, sandis ! du moins cé plan ingénieux récévra son exécution : seulément il n'aura fait qué changer d'objet.

STOFFEL.

Quoi ! tu veux...

MORIN.

Que tu donnes toi-même la mort à tes compatriotes ..

STOFFEL *se retourne à gauche, et fait signe aux Anglais de ne pas avancer.*

N'approchez...

(*Bellepointe lui ferme la bouche et l'entraîne à droite, pendant que Morin va déployer la mèche de la boîte combustible.*)

BELLEPOINTE, à Stoffel.

Obéis. Prends cette mèche.

MORIN.

Tiens le bien; attends, attends que je m'empare de sa jambe. (*Il vient prendre la jambe gauche de Stoffel, pendant que Bellepointe, qui le menace de la main gauche, le force de l'autre à tenir sa mèche près du conduit.*) Attention, monsieur le canonnier...

(*Une colonne anglaise paraît et traverse le pont. Quand il en est entièrement couvert, Bellepointe dit à Stoffel : Feu !... Celui-ci obéit en tremblant ; la machine fait explosion, et le pont saute avec un fracas épouvantable, entraînant tous ceux qui sont dessus*)

(Stoffel se sauve, Morin et Bellepointe courent à sa poursuite.)

FIN DU PREMIER ACTE.

ACTE SECOND.

Le théâtre représente une épaisse forêt. Dans le fond, une montagne escarpée, du haut de laquelle se précipite un torrent écumeux, que l'on traverse sur un arbre rompu. A gauche, au second plan, un vieux arbre creux. Du même côté, tout près de l'avant-scène, une trape cachée par un buisson épais. Il fait clair de lune.

SCÈNE I.

CROFT, voleurs, puis CARL.

(Au lever du rideau, on voit des bûcherons assis autour d'un grand feu. Pendant l'introduction, on en voit d'autres arriver de différens points. Tous ont une cognée, quelques-uns portent des fagots, qu'ils posent çà et là. On les voit s'arrêter, se faire des signes d'intelligence, et enfin se réunir à leurs camarades. Tous regardent vers la droite et paraissent inquiets jusqu'à l'arrivée de Carl.)

CROFT, avec humeur.

COMMENT! Carl, ordinairement si exact, n'est point encore au rendez-vous?

CARL, avec un ton brusque.

Me voici, ne vous impatientez pas. Je suis en retard, j'en conviens; il est bientôt huit heures. J'en suis d'autant plus fâché, que la nuit doit être bonne ; mais je voulais être informé du résultat de la bataille. Je suis au comble de mes vœux : le Ciel semble avoir pris soin de ma vengeance. L'armée de Marguerite est en pleine déroute. A l'exception du duc de Lavarenne et de ses vaillans compagnons, tout a été dispersé. Les fuyards ne manqueront pas de chercher un asile dans cette forêt, et nous pouvons compter sur une récolte abondante. Allons, que l'on répare le tems perdu.

CROFT.

Nous ne demandons pas mieux.

(Carl tire une clef de sa ceinture, et la donne à Croft, qui écarte les broussailles qui sont à gauche, et ouvre une trape qui couvre un trou, dans lequel sont cachés les habits qui servent à déguiser les faux bûcherons. Tous s'affublent de haillons, s'armient jusqu'aux dents, et se défigurent d'une manière horrible. On referme la trappe.)

CARL.

Votre toilette est-elle terminée ?

CROFT, et les autres.

Tu vois.

(Tous se rangent en demi-cercle autour de Carl.)

CARL, examinant ces figures hideuses.

Bien ! bien ! très-bien ! Je défierais à vos femmes de vous reconnaître. Vite, en campagne. A propos, où est donc Stoffel ?

CROFT.

Nous ne l'avons pas vu.

CARL.

Il reviendra. Que personne ne s'écarte de ce qui est ordonné par nos statuts. Attaquez pour combattre ; pillez après la victoire, c'est juste. Mais n'assassinez pas.

CROFT.

A moins que....

CARL, d'un ton menaçant.

Jamais. (*A Croft.*) Je te confie la clef de la trappe, tu m'en rendras compte. (Il divise sa troupe par petits pelotons, qu'il dirige de différens côtés, et sort lui-même par la droite.)

SCÈNE II.

CROFT, VOLEURS, ensuite MORIN.

CROFT, contrefesant Carl.

JAMAIS ! Quel ton impérieux ! il semble que nous soyons forcés de lui obéir. Que m'importe qu'il ait été jadis officier dans les troupes du Roi ; il n'est plus aujourd'hui qu'un soi-disant charbonnier comme nous. En le reconnaissant pour notre chef, je n'ai pas prétendu me donner un maître, et je ne souffrirai pas qu'il s'arroge des droits (*On entend chanter à gauche.*) Paix ! quelqu'un s'approche en chantant ; c'est sans doute un poltron.

(Il fait signe à ses camarades de se tenir à l'écart, et se blottit lui-même derrière l'arbre creux.)

MORIN, achevant son air d'une voix mal assurée.

Voilà du feu qui se présente bien à propos, car je suis tout dé glacé. Je né sais pas bien précisément si c'est lé froid ou la peur qui produit cet effet ; c'est peut-être bien l'un et l'autre. Quoi qu'il en soit, j'ai beau chanter, jé né puis parvenir à mé tranquilliser. Cet espion maudit est cause qué je n'ai pu réjoindre la colonne française. Depuis près dé deux heures jé trotte dans cette immense forêt sans avoir vu ame qui vive. Après tout, au lieu dé m'en plaindre, jé dois plutôt m'en féliciter ; car dans un pays où chaque voyageur fait, dit-on, d'avance une bourse pour les voleurs, on doit désirer dé né rencontrer personne. (*Pendant ce monologue, il s'est assis auprès du feu, et Croft a fait signe à ses camarades d'approcher, ce qu'ils ont fait avec précaution.*) Heureusement, jé n'ai rien entendu qui puisse m'effrayer. Il mé semble qué jé mourrais dé peur au premier coup de sifflet. (*A l'instant même, tous les voleurs qui l'entourent lâchent un coup de sifflet Morin regarde ces vilaines figures ; il veut crier, mais son effroi est si grand, qu'il ne laisse échapper que des mots inarticulés. On entend dans l'é*

loignement un autre coup de sifflet.) Encore ? Voilà la correspondance établie.

CROFT.

On nous a répondu.

MORIN.

Jolie conversation ! (*Tous mettent la main
sur le havresac qu'il a déposé près de
lui.*) Me voilà ruiné !

CROFT.

Ton argent ?

MORIN.

Jé suis gascon.

CROFT.

Tes bijoux ?

MORIN.

Sont là - dédans. C'est un vrai trésor.
(*Tous se précipitent sur le havresac qu'ils
ouvrent avec empressement.*) Vous y trouverez des bistouris, des rasoirs, des bandé-
lettes, enfin tout ce qui constitue une pharmacie ambulante.

(*Les voleurs abandonnent leur proie.*)

CROFT.

Tu es donc apothicaire ?

MORIN.

Pour vous servir. Dé plus, jé suis barbier,
chirurgien, médécin consultant, exerçant.

CROFT.

Et guérissant ?

MORIN.

Comme un autre, quand il plaît au hasard.

CROFT.

Bonne découverte, mes amis ! il n'y a rien là-dedans qui nous convienne ; qu'on respecte ses propriétés et sa vie. (*Il lui rend son havresac.*) Cet homme peut nous être utile, nous en ferons le médecin de la troupe.

MORIN.

Cé m'est infiniment d'honneur. Vous mé voyez ravi d'avoir fait cette heureuse rencontre. Allez, allez, vous pouvez être malades impunément, jé vous aurai bientôt guéri.... (*à part*) dé tous les maux.

CROFT.

Viens avec nous. Il faut que tu sois témoin de notre expédition. Peut-être auras-tu quelque chose à faire.

MORIN.

Volontiers. (*A part.*) Trop heureux d'en être quitte à si bon marché. Jé compte bien m'évader à la première occasion.

(*Comme ils se disposent à s'éloigner, Stoffel arrive eu courant.*)

SCÈNE III.

LES PRÉCÉDENS, STOFFEL.

STOFFEL, *entrant tout essouflfé.*

ME voilà, camarades, me voilà ; grâce aux coups de sifflet qui m'ont remis sur la voie.

MORIN, *à part.*

Fatale rencoutre !

CROFT.

D'où diable viens-tu ?

STOFFEL.

De gagner de l'argent. Le duc de Glocester... Je vous conterai cela. L'essentiel dans ce moment est de venir bien vite... (*Apercevant Morin.*) C'est toi !

MORIN.

C'est lui !

CROFT.

Quoi ! vous vous connaissez ?

STOFFEL.

A mon tour maintenant ! Coquin, tu vas avoir affaire à moi.

MORIN.

Misérable ! oses-tu me regarder en face, lorsque sans moi on allait te suspendre à un arbre ?

STOFFEL.

Assommez ce traître.

MORIN.

Ingrat ! c'est à toi qué cé châtiment est dû.
Vous êtes d'honnêtes gens ; jé né puis mieux
m'adresser pour trouver des juges équitables...
Eh donc ! il faut que vous sachiez...

STOFFEL.

Ne l'écoutez pas.

CROFT.

Remettons la cause á un autre moment.

STOFFEL, à ses camarades.

Prenez garde de le laisser échapper.

MORIN.

Jé suis trop bien ici.

CROFT, à Stoffel.

Tu avais, ce me semble, quelque bonne
nouvelle à nous annoncer ?

STOFFEL, à Croft.

Une capture magnifique ! La reine Marguerite et son fils se sont réfugiés dans la forêt ;
tous deux sont couverts d'or, de pierreries...

CROFT.

Excellente aubaine ! Courons.

STOFFEL.

Et des armes ?

CROFT.

Prends-en, voilà la clef.

(Stoffel ouvre la trappe et prend des armes.)

MORIN, à part.

L'arsenal est ici, c'est bon à savoir.

CROFT.

Prends aussi ton costume.

STOFFEL.

Je n'ai pas le tems.

MORIN, à part.

Il paraît qué c'est aussi lé cabinet dé toilette.

STOFFEL.

Qu'allons-nous faire de ce drôle?

(Isaure paraît à moitié de la montagne, et se retire
en entendant les voleurs.)

CROFT.

L'emmener avec nous.

STOFFEL.

Il nous gênera. Il vaut mieux le tuer.

MORIN.

Non, non, jé né vous gênerai pas! Laissez-
moi vivre, qué diable! Vous allez vous
battre; on né sait pas cé qui peut arriver;
du moins, jé suis là pour vous couper bras et
jambes.

STOFFEL.

A la bonne heure. Mais hâtous-nous pour

ne pas laisser à d'autres l'honneur et le profit d'une si belle capture.

(Ils sortent précipitamment.)

SCÈNE IV.

ISAURE, descendant avec précaution.

A TRAVERS ces voix confuses, j'ai cru distinguer celle de Morin. Comment se trouve-t-il ici ? Quels sont ces hommes avec lesquels il s'éloigne ? Leur langage et leurs manières ne m'ont pas semblé de nature à faire désirer leur rencontre. Si j'avais pu parler à Morin, il m'aurait dit peut-être si mon époux a rejoint la Reine. A l'entrée de la forêt, le Duc a divisé sa troupe en petits détachemens, et m'a contraint à le quitter pour chercher Marguerite. L'obscurité m'a séparée de ma suite, et me voilà seule égarée dans cette immense forêt, sans savoir de quel côté je dois porter mes pas. (*Douloureusement.*) O Marguerite ! Marguerite !

(Elle s'avance vers la gauche, mais elle est bientôt arrêtée par plusieurs voleurs qui se présentent brusquement à elle et la menacent.)

SCÈNE V.

ISAURE, VOLEURS, ensuite **MORIN**.

ISAURE.

GRACE, grâce, Messieurs !

MORIN, revenant sur ses pas.

Encore un contre-tems ? C'était bien la peine de m'échapper.

ISAURE, aux voleurs qui la poursuivent.

Je vous proteste que je ne possède rien.

MORIN, à part.

Eh ! c'est madame Isaure. (*Haut et s'élançant entre Isaure et les voleurs.*) Lé pétit a dit vrai, mes amis, jé lé connais ; cé n'est pas vous qué jé voudrais tromper. Jé suis des vôtres, maintenant ; jé viens, dé la part des camarades, chercher des armes dans lé magasin ; et jé m'en félicite, sandis ! puisqué jé suis arrivé à tems pour vous empêcher dé commettre une méchante action, en tuant cé malheureux jeune homme qui n'est pas plus riche qué moi... Qué moi, ai-je dit ? Eh ! sandis ! jé possède un trésor dont jé veux vous rendre maîtres... Un véritable trésor qu'on voudrait vous ravir... Mais moi,

jé né connais qué la droiture... Approchez
tous. Vous connaissez Stoffel ? Eh bien ! il
est allé dé cé côté, à la rencontre dé la reine
Marguérite et dé son fils (*il leur montre le
côté opposé à celui par où est sorti Stoffel*),
dans l'intention dé la dépouiller. C'est une
riche proie ; il est juste qué chacun en ait sa
part. C'est un adroit fripon que cé Stoffel, il
voudrait tout pour lui seul ; mais moi, jé
porte un cœur loyal, et jé né souffrirai pas
qu'il vous trompe. Allez bien vite dé cé côté ;
il n'y a pas vingt minutes qu'il est parti.
(*Les voleurs sortent vivement par la gauche.*)
Ouf ! nous en voilà quittes : l'expédient n'est
pas mauvais.

ISAURE.

Que de grâces ! mon cher Morin !... Sans
vous...

MORIN.

Fuyons, Madame. Ces coquins mé donnent
furieusement dé tablature !... Dieu veuille
qué... (*Comme ils vont pour sortir à droite,
on entend plusieurs sons de cor.*) On vient !...
Allons, nous n'en sortirons pas. (*On voit des
voleurs traverser le fond et parcourir la montagne. Morin ramène Isaure au-devant de la
scène.*) Dérobons-nous à leur vue. (*A voix
basse.*) Eh ! mais, ils ont là un magasin d'armes
et d'habillemens. (*Il écarte les broussailles.*)
Dans son empressement, Stoffel a oublié la

clef! Cé trou mé semble peu profond; descen-
dez-y, Madame, pendant qué jé ferai sentinelle.
(Quelques voleurs s'approchent. Isaure et Morin se
baissent pour les laisser passer. Isaure ouvre la
trappe et prend des armes. Morin veille. L'appa-
rition soudaine de quelques voleurs les empêche,
pendant quelques instans, de se réunir; mais enfin
Isaure parvient à rejoindre Morin au milieu du
théâtre, et tous deux se glissent à travers les arbres,
à gauche, sans être vus des voleurs, qui arrivent successivement au bas de la montagne et se groupent
des deux côtés.)

SCÈNE VI.

STOFFEL, CROFT, VOLEURS.

STOFFEL, à ses camarades.

L'AVEZ-VOUS vue?

CROFT.

Je viens de l'apercevoir tout à l'heure en
haut de la montagne, et j'ai fait, à ce sujet,
une réflexion que je veux vous communiquer.
(Il rassemble ses camarades, et les amène
au devant de la scène.) La fortune qui nous
sourit, semble avoir exprès dirigé Carl d'un
autre côté, pour que rien ne s'oppose à
l'exécution de mon projet. La route que suit
Marguerite doit infailliblement la conduire
ici. (Il montre l'arbre jeté sur le torrent.)
Pendant que le gros de la troupe veillera au
bas de la montagne, quatre des nôtres gravi-

ront jusqu'au sommet, envelopperont la Reine et son fils, et les précipiteront dans le torrent, après les avoir dépouillés, pour y ensevelir jusqu'à la moindre trace de notre crime, et n'être point obligés de partager avec notre chef cette immense capture.

TOUS.

Bien, camarade.

(Ils remontent au bord du torrent.)

SCÈNE VII.

LES PRÉCÉDENS, MARGUERITE, ÉDOUARD.
(On voit Marguerite tenant son fils sous le bras gauche.)

STOFFEL, bas.

La voilà !

TOUS LES VOLEURS répètent l'un après l'autre et avec une joie féroce.

La voilà !

CROFT.

Elle ne peut nous échapper.

MARGUERITE, elle s'arrête au bord du torrent, en témoignant de l'effroi.

Quel affreux précipice !... O Ciel ! est-ce ici que nous devons trouver la mort ?

TOUS, d'une voix sombre.

Oui.

MARGUERITE.

Ah! je succombe! (*Ses genoux s'affai-blissent. Elle pose son fils près d'elle; il paraît inanimé.*) Édouard! Édouard! ce cher enfant est épuisé de fatigue et de besoin.

ÉDOUARD.

Ne vous affligez pas, je marcherai bien seul.

MARGUERITE, à genoux.

Mon Dieu! ce ne sont plus des armées, des victoires, ce n'est plus un trône que je te demande pour lui!... Fais seulement que sur une terre où régnèrent ses aïeux, et où il devrait commander en maître, il lui reste une caverne pour dérober sa tête au fer des assassins! Grand Dieu! soutiens encore mes forces, et couvre-nous de ton ombre. (*Elle reprend son fils dans ses bras et traverse le torrent sur l'arbre qui sert de pont. Quand elle est à moitié chemin, elle entend du bruit à droite, tourne la tête, et voit deux des voleurs qui ont gravi le roc pendant l'invocation, et qui s'avancent vers elle l'arme haute. Elle veut doubler sa marche pour leur échapper, mais elle fait un faux pas et tombe à la renverse en jetant un cri perçant. Un des bandits lui arrache sa couronne qu'il montre à ses camarades d'un air triomphant. Les deux autres qui entrent par la gauche, se jettent sur le prince et l'entraî-*

nent. Marguerite se relève et les poursuit en criant : Mon fils ! mon fils !

(On les perd de vue dans le bois qui couvre la montagne.)

STOFFEL.

Le moment est favorable... Courons... (*A Croft.*) Toi, grimpe là-haut pour lui fermer le passage.

MARGUERITE, en dehors.

A l'aide ! au secours !

MORIN, de même.

Scélérat ! maudit ! tu oses menacer ta Reine !

(On entend un cliquetis d'armes. Croft redescend la montagne pour secourir Stoffel.)

SCÈNE VIII.

GROFT, voleurs, MARGUERITE, ÉDOUARD, CARL.

(Marguerite et Édouard accourent éperdus. Ils sont poursuivis de près par des brigands qui les menacent et leur présentent partout la mort. Il fait jour.)

CARL entre rapidement par la droite, en tenant son sabre à deux mains.

MILLE morts ! que se passe-t-il ici !

MARGUERITE soulève Édouard, court à la rencontre de Carl, et lui dit avec un ton ferme et
majestueux.

Mon ami ! mon ami ! sauve le fils de ton roi!
(Carl reste un moment immobile et interdit. Il laisse
tomber son sabre. Tableau.)

CROFT.

Frappons !
(Tous les voleurs font un mouvement en avant.)

CARL, d'une voix terrible, tandis que, de son arme
qu'il a ramassée, il couvre la Reine et son fils.

En arrière!... En arrière, vous dis-je !
(Les voleurs obéissent à regret.)

CROFT.

Pourquoi donc l'épargner ? Ce Français que
nous avions pris, vient de tuer Stoffel.

CARL.

Il a bien fait ! (*Mouvement séditieux des
voleurs.*) Par l'enfer! le premier qui s'a-
vance est mort!.... Et vous savez si je tiens
parole. C'est à moi seul de prononcer sur son
sort.

MARGUERITE.

O Ciel !

CARL.

Marguerite, tu vois en moi ce Carl dont
ton époux signa l'arrêt de mort, cet officier
écossais dont la franchise déplut au ministre
Suffolck , qui confisqua mes biens, et me fit
condamner à perdre la tête.

MARGUERITE.

Nous sommes perdus!

CARL.

Cet acte d'iniquité m'inspira la haine la plus violente contre ton gouvernement, et me fit embrasser le vil métier que j'exerce. Certes, à ce titre, je dois te haïr et me venger. Mais ta situation éteint mon ressentiment; j'oublie tout en te voyant malheureuse; je tombe à tes pieds. Dispose de moi et de ceux qui m'accompagnent. Tu ne peux sans un miracle échapper aux innombrables dangers qui t'environnent; mais nous tenterons ce prodige. Te sauver ou mourir, voilà la seule vengeance que j'ambitionne, et qui soit digne de moi.

(Il tombe aux pieds de Marguerite.)

MARGUERITE.

O mon sauveur!...... Je ne regrette en ce moment de toute ma fortune que le moyen de te récompenser; mais le peu qui me restait m'a été enlevé par ces hommes avides.

CARL.

Est-il vrai? Désignez le misérable qui a enfreint mes ordres, et je fais rouler sa tête à vos pieds. (*Aux voleurs.*) Restituez sur le champ. Restituez, vous dis-je...

(Plusieurs voleurs intimidés fouillent tristement dans leur ceinture.)

MARGUERITE.

Non, Carl; je leur abandonne ces tristes débris de ma grandeur. Puissent-ils à ce prix protéger ma fuite et celle de mon cher Édouard.

CARL, aux voleurs.

Rendez grâce à la clémence de Marguerite, et prosternez-vous devant elle, pour la supplier de vous accorder l'honorable faveur de la défendre.

(Tous les voleurs tombent aux pieds de la Reine.)

MARGUERITE, à part, pendant que les voleurs se répandent dans la forêt pour veiller à sa sureté.

Quel excès d'abaissement ! Marguerite, épouse et fille de roi, était naguère brillante de gloire et de majesté : voyez-la maintenant vaincue, proscrite, au milieu d'un désert, errant de rocher en rocher, portant dans son cœur la douloureuse image d'un époux massacré, dont elle ne peut venger la mort, et réduite, pour conserver les jours de son fils, à implorer l'assistance d'une troupe de brigands !

SCÈNE IX.

CROFT, CARL, MORIN, MARGUERITE, ÉDOUARD, ISAURE.

MORIN, à part, à Isaure.

Jé crois qué nous pouvons nous montrer maintenant, la paix est faite. (*Haut avec un*

7.

air triomphant.) Oui, sandis! cé fer a puni lé traître!... Il est occis!

MARGUERITE.

Brave Morin!

MORIN.

Madame, certainement.... (*A part.*) Qui m'aurait dit qu'un jour jé serais nommé brave par une Reine? On a bien raison dé dire qu'il né faut jurer dé rien. Cé sont les circonstances qui font les héros.

ÉDOUARD, à Isaure.

Ah! te voilà, Eugène! combien nous avons souffert depuis que tu nous as quittés!

ISAURE.

Mon prince, dans la mêlée j'ai rencontré M. le Sénéchal, et j'ai été assez heureux pour combattre à ses côtés.

MARGUERITE.

Tu me fais frémir!.... Cher Lavarenne! Si le fer ennemi...

ISAURE.

Non, Madame, il a respecté son courage.

MARGUERITE, se retournant vers les voleurs que Carl rassemble d'un geste.

De grâce! parcourez la forêt.... Faites en sorte de le rejoindre, cet intrépide défenseur; vous le reconnaîtrez à sa bravoure, à l'air de noblesse répandu sur toute sa personne. Dites-lui que je l'attends....

CARL, à Isaure et à Morin.

Dans la chaumière de Carl, du chef des bûcherons, au milieu de la forêt. (*A Marguerite.*) Pardonnez-moi, Madame, de vous introduire dans un lieu si peu digne de vous; mais ce n'est que chez moi que vous pourrez trouver un asile, si les nombreux détachemens qui sont à votre poursuite, nous permettent d'y arriver. Allez tous et faites diligence.

(Tous sortent par différens côtés.)

MARGUERITE, pressant son fils contre son sein.

Que ne souffrirai-je pas pour sauver mon cher fils !

ISAURE, à Marguerite, pendant que Carl donne des ordres à ses gens.

M. le Duc m'a chargé de remettre à votre Altesse cet écrit.

MARGUERITE.

Que peut-il contenir ?

ISAURE.

Votre Grâce s'en instruira bientôt. Je vole où vos ordres m'envoient. Croyez bien que mon cœur est d'accord avec mon devoir, et que je ne désire pas moins que vous, que nos recherches soient heureuses.

(Elle sort par la gauche et Morin par la droite.)

SCÈNE X.

MARGUERITE, ÉDOUARD, CARL.

MARGUERITE, *parcourt rapidement la lettre du Sénéchal.*

Il est marié !... Je le connais donc ce secret qu'il n'osait m'avouer, et qui combattait dans son cœur avec le devoir ! Pourquoi ai-je voulu le découvrir ? J'ignorerais encore un sentiment que je ne veux, que je ne dois point partager.

CARL, *revenant près de Marguerite.*

Venez, Madame, suivez-moi. Je connais des sentiers peu fréquentés que l'on a pratiqués dans la partie la plus épaisse de la forêt. C'est par là que je prétends vous conduire et vous dérober, s'il se peut, aux regards de vos nombreux ennemis.

MARGUERITE.

Allons, puisqu'il le faut. Viens, mon fils.

(Ils sont prêts à s'enfoncer dans la forêt à droite.)

SCÈNE XI.

LES PRÉCÉDENS, MORIN.

MORIN, *les arrêtant.*

N'allez pas de ce côté ; je viens de voir à

travers les arbres une grosse patrouille qui s'approche. Cé sont des Anglais ; j'ai reconnu distinctement leurs voix...... Ils cherchent la reine et le jeune prince. (*A part.*) Jô crois qué nous aurons bien du mal à sortir d'ici. Pauvre Morin ! qu'es-tu venu faire dans cé pays.

CARL.

Gravissons la montagne. En traversant le torrent.... (*On voit Croft passer sur l'arbre en courant.*) Je vois accourir un des nôtres. C'est Croft... Que vient-il nous apprendre ?.

SCÈNE XII.

CROFT, CARL, MARGUERITE, ÉDOUARD, MORIN.

CROFT, accourant à toutes jambes.

Vite, vite ! voici nos femmes. Je vais appeler nos camarades. (*Il sonne du cor ; tous les voleurs se réunissent.*) Quittons ces habits.

MARGUERITE.

Pourquoi cet effroi ?

CARL.

C'est l'heure à laquelle leurs femmes viennent chaque jour à la cascade pour leur apporter les provisions de la journée. Notre sûreté exige qu'elles ne soient point initiées dans le secret de notre conduite. Elles nous croient de malheureux bûcherons, et nous mettons tous nos soins à les entretenir dans cette erreur.

(Pendant ce couplet, Croft et ses compagnons ont ôté leurs vêtemens de voleurs qu'ils ont jetés dans le trou de la trappe, dans le tronc d'arbre ainsi que leurs armes. Ils paraissent en bûcherons comme au commencement de l'acte.)

MORIN, à part.

Sandis ! voilà des maris bien dociles !..... Commé jé rirais si jé n'avais pas peur. (*A Croft.*) N'auriez-vous pas un habit dé trop ?

(Croft lui donne un habit de bûcheron avec lequel il se travestit.)

SCÈNE XIII.

LES PRÉCÉDENS, PAYSANNES ÉCOSSAISES.

Les bûcherons prétendus vont au-devant de leurs femmes qui paraissent par la droite ; elles portent des paniers remplis de provisions.)

CROFT.

Soyez les bienvenues.

(Il embrasse sa femme, tous en font autant.)

CARL, à la Reine.

Laissons-les, Madame, et tâchons de nous échapper de ce côté. (*Il indique la gauche.*) Le circuit sera long ; mais n'importe.

GLOCESTER, *en dehors à gauche.*

Alle-là.

MARGUERITE, CARL et MORIN.

Paix !

(*Tout le monde écoute.*)

GLOCESTER, *de même.*

Qui es-tu ?

ISAURE, *en dehors, d'une voix ferme.*

Français.

ÉDOUARD.

C'est Eugène !

MARGUERITE.

Écoutons.

GLOCESTER, *de même.*

As-tu vu Marguerite ?

ISAURE.

Oui.

GLOCESTER.

Où est-elle ?

ISAURE.

C'est mon secret.

GLOCESTER.

Conduis-nous vers elle.

ISAURE.

Plutôt mourir. (*Élevant très-haut la voix.*) Fuyez, Marguerite !

GLOCESTER.

Tu ne nous échapperas pas.

MARGUERITE.

Brave jeune homme !

CARL.

Vous êtes perdue ! Le danger est le même de tous côtés.

CROFT.

Eh bien ! combattons.

CARL.

Oui, morbleu, combattons !

MARGUERITE.

La résistance est vaine ; laissez-moi subir mon sort. Je vais au-devant...

CARL.

Y pensez-vous ?... Là, au milieu de ce groupe. (*A Édouard.*) Vous, mon Prince, dans le creux de cet arbre.

ÉDOUARD, résistant.

Me cacher ? On croirait que j'ai peur.

MARGUERITE.

Il le faut, mon fils.

CARL, à ses gens et à leurs femmes.

Ayez les yeux sur moi. Obéissez à tous mes mouvemens... Que de gloire si nous sauvons la Reine !

(Édouard se blottit dans le tronc d'arbre. Marguerite est cachée par les femmes.)

SCÈNE XIV.

LES PRÉCÉDENS, ISAURE, puis GLOCESTER
et des SOLDATS ANGLAIS.

ISAURE, à Carl.

JE suis poursuivie ! Où est la Reine ?

CARL.

En sûreté. (*Lui serrant la main.*) Bien ,
mon ami !... Tu t'es conduit en brave. Vite là.
(Il lui montre le buisson. Isaure court se cacher
dans le trou de la trappe qu'elle referme sur elle.
Au moment où Glocester entre , Carl et tous ses
gens le saluent et paraissent aller au-devant de
lui en dansant.)

GLOCESTER, d'un ton dur.

Que faites-vous ici ?

CARL.

Nous sommes les bûcherons de cette forêt.
Nous allions au-devant de Monseigneur pour
le féliciter.

GLOCESTER.

Vous avez dû voir à l'instant un jeune
Français que nous poursuivons.

CARL.

Il a sans doute évité notre rencontre, et il
a bien fait.

GLOCESTER.

Et la belle fugitive ?

CARL.

Qui ? Marguerite ?... Un de mes gens a cru l'apercevoir là-bas... du côté de l'ouest.

GLOCESTER.

Puisses-tu dire vrai ! Elle ne peut manquer d'être prise. Cependant le cri de ce jeune téméraire semblerait indiquer qu'elle n'est pas loin d'ici. Ah ! Glocester ! quel beau jour pour toi !... (*A ses soldats.*) Battez les environs. Je vais me reposer une heure en ce lieu. Vous viendrez m'y rejoindre.

(Il est arrivé des détachemens de tous côtés ; quelques-uns s'éloignent pour continuer leurs recherches. Pendant que Glocester a le dos tourné pour parler à sa troupe, Carl conduit le groupe de bûcherons et de femmes vers l'arbre ; il voudrait cacher Édouard aux regards de Glocester, et le réunir à sa mère pour les faire esquiver ensemble. Mais les soldats qui font partie de la halte viennent poser leurs lances autour de ce tronc d'arbre, qui leur sert de point d'appui, en sorte qu'il en est totalement environné. Par ce moyen le jeune prince est caché, mais il ne peut sortir et sa mère ne peut s'éloigner.)

CARL, à part.

Surcroît d'embarras !... Le voilà pris, nous ne pouvons nous éloigner. (*Haut.*) Monseigneur, permettez à de malheureux montagnards d'offrir à vos soldats les provisions que voici.

GLOCESTER.

Volontiers.

CARL.

Allons, enfans, saluez Monseigneur, et tâchez de le distraire ainsi que ses dignes compagnons.

(Il forme son monde en ligne et en groupes, au milieu desquels Marguerite se trouve toujours adroitement cachée; il lui fait faire ainsi le tour du théâtre et la conduit près de la trappe. Glocester est assis à droite.)

GLOCESTER.

Il est juste que je témoigne ma satisfaction à ces braves gens.

(Il se lève et vient passer en revue chaque personne. Marguerite, qui se trouve à l'extrémité entre deux lignes, ne peut manquer d'être vue. La présence d'esprit de Carl la tire de ce danger. Les bûcherons tiennent à la main de petites branches de feuillage qu'ils élevent de manière à former un épais rideau, derrière lequel Marguerite passe rapidement pour se glisser au bord du torrent, puis auprès de l'arbre creux.)

CARL.

Passez, Monseigneur.

(Il fait passer Glocester entre cette haie qu'il croit avoir été disposée pour lui. Pour détourner l'attention de Glocester et de ses soldats, Carl fait exécuter par ses gens différentes danses montagnardes, dont les groupes et les attitudes doivent être dessinés de manière à cacher toujours Marguerite, sans la dérober aux regards du public.)

SCÈNE XV.

LES PRÉCÉDENS, **UN SOLDAT** ANGLAIS.

LE SOLDAT.

MILORD ! Milord !... envoyez-nous du secours. Tout près d'ici, un Français seul,
contre douze des nôtres, combat en désespéré.

GLOCESTER.

Malédiction !... courez tous ; il faudra bien
qu'il cède au nombre.

(*Les bûcherons et leurs femmes occupent dans ce
moment la droite et le fond. Les soldats anglais
courent prendre les lances qu'ils ont appuyées
contre le tronc d'arbre, et laissent à découvert
Édouard, qui s'est affublé d'un des vêtemens que
les voleurs ont jetés dans le creux de l'arbre avant
le ballet. La précipitation empêche les soldats de
voir Édouard, et ils sortent tumultueusement par
la gauche.*)

CARL, à part.

Oh ! bonheur ! ils ne l'ont pas vu !...
(*Glocester s'avance vers le tronc d'arbre.*)
Je tremble !... (*Quand il aperçoit le traves-
tissement du Prince, il dit à part.*) Excellente idée. (*Il a l'air de chercher.*) Mais
où est donc mon petit James ? (*Aux paysans.*) L'avez-vous vu, vous autres ?... oh !
si je l'attrappe... (*Il va à l'arbre, et prenant
Édouard par le bras, il le tire rudement et*

fait semblant de le maltraiter.) Voyez un peu ce petit drôle qui se fait chercher !... a-t-on jamais eu semblable idée ?... aller se cacher derrière des lances !... Que cela t'arrive encore..., et tu auras affaire à moi. Qu'est-ce que c'est donc que cela !... Eh bien ? tu regardes derrière, je crois ?... veux-tu bien t'en aller vite à la maison ?... Excusez, Milord, si j'ai pris la liberté de corriger notre fils devant vous... mais il n'en fait pas d'autres... Là, je vous demande un peu !... (*Bas au Duc.*) C'est si jeune !... c'est bien pardonnable... on est bien forcé de faire le méchant... Nous vous saluons, Milord.

GLOCESTER.

Au revoir.

(Il remonte pour aller à la rencontre de ses soldats. Carl profite de ce moment, il fait passer tout son monde à gauche, appelle la reine, la réunit à son fils, et se jette aux genoux d'Édouard.)

CARL.

Pardon, mon Prince... et vous, Madame, de la liberté...

(Marguerite et son fils se glissent vivement de gauche à droite devant une longue ligne oblique formée par les bûcherons et leurs femmes. Tout le monde s'éloigne en dansant: Isaure veut sortir de la trappe, mais Glocester qui rentre l'en empêche.)

SOLDATS, en dehors.

Le voici ! le voici !

(Ils entraînent Lavarenne désarmé.)

8.

SCÈNE XVI.

ISAURE, cachée, LE SÉNÉCHAL, GLOCESTER, ANGLAIS.

GLOCESTER, avec une voix féroce.

Ah ! ah ! c'est le duc de Lavarenne.

ISAURE, à part.

Mon époux, oh Ciel !

GLOCESTER.

Le voilà donc en notre pouvoir, ce valeureux chevalier ?

LE SÉNÉCHAL.

Lâche ! Après m'avoir fait accabler sous le nombre de tes satellites, il ne te manque plus pour couronner cette honorable victoire que d'insulter à un ennemi sans défense. Quoique tu sois indigne de mourir de la main d'un Français, fais-moi rendre mon épée, et du premier coup je renverrai ton ame aux enfers.

GLOCESTER.

Je te permets la menace et l'insulte, tu ne jouiras pas long-tems de cette consolation. Mes yeux vont se repaître avec délices du spectacle de ta mort. Je veux que ton corps serve de degré à la reine pour monter à l'échafaud que je lui prépare.

LE SÉNÉCHAL.

Prends garde qu'il ne serve pour toi. Il te
reste à vaincre quinze cents Français, qui tous
ont juré, comme moi, de mourir pour venger Marguerite, et je viens de te prouver
qu'ils font payer cher les victoires qu'on rem-
porte sur eux.

GLOCESTER, à ses soldats.

Qu'on l'enchaîne; que l'on dresse un bûcher
au pied de cet arbre, et qu'il devienne la
proie des flammes.

LE SÉNÉCHAL.

Vil bourreau de ton roi!... après un tel
forfait on ne doit plus s'arrêter dans le chemin
du crime. Mais le jour des vengeances approche, tout le sang que tu auras versé re-
tombera goutte à goutte sur ta tête coupable.

GLOCESTER.

Exécutez mes ordres.

(On enchaîne Lavarenne, on lui lie les mains derrière le dos, et on le force à s'asseoir sur une
pierre à gauche, le dos tourné au buisson. Les
soldats se répandent dans la forêt, ramassent les
fagots que les bûcherons ont apportés, et les pla-
cent autour de l'arbre creux. On entend de tous côtés des coups de hache. Glocester va de droite à
gauche, et semble presser ses gens. Isaure lève
doucement la trappe et délie les mains de son époux
qui se retourne.)

LE SÉNÉCHAL, à part.

Eugène!

(Isaure lui fait signe de se taire. Les soldats reviennent, le Sénéchal reprend sa position; quand ils sont éloignés, il détache les liens de ses jambes, et prenant bien son tems, se glisse dans le trou, dont Isaure referme la trappe, après avoir rapproché les broussailles.)

GLOCESTER.

Eh bien! où donc est-il? malédiction! vous l'avez laissé fuir! malheur aux traîtres qui l'ont sauvé! Il n'a pas eu le tems de s'éloigner... cherchez... qu'on le ramène mort ou vif.

(Tous les Anglais sont accourus aux cris de Glocester, ils sortent en désordre pour aller à la poursuite du Sénéchal. Isaure et Lavarenne ouvrent la trappe, et en sortent avec précaution. Le Sénéchal embrasse Isaure qui paraît au comble de la joie.)

ISAURE.

Évitons les sentiers.

(Ils gravissent la montagne du fond en côtoyant le torrent. Quand ils sont près d'atteindre la hauteur, on voit un détachement des troupes de Glocester, qui s'avance et traverse le torrent sur l'arbre. Isaure et Lavarenne n'ont que le tems de se blottir sous ce même arbre pendant le passage des soldats. Quand le péril est passé, les fugitifs quittent leur position gênante, parviennent au sommet de la montagne et s'éloignent en suivant la route opposée à celle de leurs ennemis.)

FIN DU SECOND ACTE.

ACTE TROISIÈME.

Le théâtre représente l'intérieur d'une chaumière. Dans le fond un hangard fermé par des palissades, au-dessus desquelles on découvre la forêt. La porte d'entrée est à droite. A gauche celle d'un mauvais réduit. Deux siéges et une table.

—

SCÈNE I.

MARGUERITE, ÉDOUARD, CARL, MORIN.

CARL.

Entrez, Madame, vous voilà chez moi. (*Le premier mouvement de Marguerite est de tomber à genoux, et d'embrasser son fils avec la plus vive tendresse et à plusieurs reprises.*) Vous pouvez être tranquille. Qui soupçonnerait jamais que ce misérable réduit servît de retraite à la reine d'Angleterre ?

MARGUERITE.

Le désir de soustraire mon fils à une mort, qui semblait inévitable, a soutenu mon courage et mes forces. Mais à présent que je puis envisager de sang-froid l'énormité du péril qui nous menaçait, tout mon cœur en frémit. La main de la Providence a pu seule nous guider dans cette nuit désastreuse. Sans vous, généreux Carl...

CARL.

Que dites-vous, Madame ? C'est moi qui vous dois une éternelle reconnaissance. Vous avez daigné me fournir l'occasion de réparer mes torts envers la société, et si je viens à bout de mon dessein, vous aurez répandu quelque lustre sur une carrière jusqu'alors obscure et semée d'erreurs.

MARGUERITE.

Vous aussi, Morin, vous m'avez rendu un service signalé.

MORIN.

Hé donc ! grande reine, cé n'est pas la première fois qué jé dépêche les humains vers l'autre monde. C'est là lé fort dé la profession qué j'exerce. Mais du moins jé puis vous jurer qué jamais céla né m'a fait autant dé plaisir qué dans cette circonstance. J'avais dé puissans griefs contre cé misérable Stoffel. Mais, chut ! il est défunt, il né faut jamais parler mal des absens.

CARL.

Reposez-vous, Madame, vous devez en avoir grand besoin... Et vous aussi, mon Prince. Viens avec moi, Morin, viens m'aider à rassembler le peu de provisions que je possède, pour en composer une petite collation.

MORIN.

Jé vous suis, sandis ! jamais on né m'a vu
réculer au feu... (*A part*) dé la cuisine.

(Ils sortent.)

SCÈNE II.

MARGUERITE, ÉDOUARD.

MARGUERITE.

Tu parais accablé, mon fils ; désires-tu
quelque chose ?

ÉDOUARD.

Je remercie votre Grâce.

MARGUERITE.

Cependant tu souffres, je le vois.

ÉDOUARD.

Oui. J'ai dû par obéissance céder aux ordres
de ma mère ; mais le fils de Marguerite et de
Henri ne devait jamais se cacher ni fuir.

MARGUERITE, l'embrassant.

Combien j'aime à te voir ces nobles sentimens !

ÉDOUARD.

Ne sont-ce pas ceux que vous m'avez ins-
pirés ?

MARGUERITE.

Ton âge ne te permet pas de savoir que la prudence doit s'allier au vrai courage, et qu'elle en est la compagne inséparable. Songe donc, mon Édouard, qu'avec toi s'évanouit l'espoir de l'Angleterre. Tant que tu vivras, ton père ne meurt pas tout entier.

ÉDOUARD.

Je ne me cacherai plus d'abord, c'est bien décidé.

MARGUERITE.

Mon cher fils, ne me prive pas du bonheur de te presser dans mes bras. Ta mère infortunée peut tout supporter, tout, excepté ce dernier coup auquel elle ne survivrait pas.

SCÈNE III.

CARL, MORIN, MARGUERITE, ÉDOUARD.

(Tous deux apportent du lait et du fromage, des fruits, enfin tout ce qu'il faut pour un petit repas.)

CARL.

Je fais tous mes efforts, Madame, pour vous traiter de mon mieux, mais ce mieux-là est bien peu de chose. C'est aujourd'hui pour la première fois que je regrette d'avoir perdu ma fortune.

MARGUERITE.

L'intention suffit pour mériter toute ma gratitude.

MORIN.

Des œufs frais tout chauds, des fruits délicieux et du laitage parfait, j'ose vous en répondre. (*A part.*) En qualité de maître-d'hôtel, j'ai goûté chaque mets d'avance.

CARL.

Tout est prêt; quand vous voudrez, Madame...

MARGUERITE.

Mettez vous à table, mon fils.

ÉDOUARD.

Volontiers; j'ai un appétit dévorant.

(Marguerite et Édouard se mettent à table; Carl et Morin les servent.)

MORIN.

Si sa Grâce le permet, je serai son échanson, et toi, Carl, son écuyer tranchant.

CARL.

Le jour où je pourrais servir ma souveraine, serait le plus beau de ma vie; mais je suis indigne d'un tel honneur.

MARGUERITE, avec bonté.

Approchez. Ah! Carl, vous ne m'avez obligée qu'à demi. Il vous reste encore à m'apprendre quel est le sort du Sénéchal de Normandie. Je ne l'ai point revu depuis la bataille. J'ignore ce qu'il est devenu ; et je tremble que cet intrépide chevalier n'ait été victime de son généreux dévouement.

CARL.

Je suis prêt à courir sur ses traces, Madame ; mais qui veillera sur vous pendant mon absence ?

MORIN.

Comment lé trouvéras-tu ! Tu né lé connais pas. Hé donc ! si Madamé veut mé confier cet honorable message ; jé mé chargé dé réjoindre M. le Duc, ainsi que sa jeune épouse. Cette pauvre madame Isaure doit être dans des angoisses mortelles.

MARGUERITE.

Que dis-tu, Morin ?

MORIN, à part.

Aïe ! aïe ! Le sage dit : tourne sept fois ta langue... Hé donc ! j'en ai trop dit ; mais lé mot est lâché.

MARGUERITE.

De qui parles-tu ?

MORIN.

Dé madame le Sénéchale, qué j'ai eu l'honneur d'accompagner dépuis la France jusqu'à l'armée, et qui, sous le nom d'Eugène...

MARGUERITE.

D'Eugène !... Femme généreuse ! Elle a

bravé la mort pour me sauver dans la forêt ! Mais, dis-moi, Morin, quel motif a pu la conduire ?...

(On frappe à la porte de la chaumière : tout le monde écoute.)

CARL.

Paix ! (*On frappe encore plus fort.*) Qui frappe ?

CROFT, en dehors.

C'est moi.

CARL.

C'est Croft. Es-tu seul ?

CROFT, de même.

Oui, ouvrez vite.

SCÈNE IV.

LES PRÉCÉDENS, CROFT.

CARL, à Croft, qui entre avec beaucoup d'empressement.

QUE viens-tu nous apprendre ?

CROFT.

Le duc de Glocester est à vingt pas d'ici, avec un détachement considérable.

CARL.

La fuite est impossible. Entrez dans ce réduit, Madame. Toi, Morin, franchis cette palissade ; à la faveur de cet habit, on te laissera passer ; tu diras que tu es à mon service. Fais diligence : puisses-tu nous amener du secours !

MORIN.

Vous allez voir, sandis ! dé quoi jé suis capable.

ÉDOUARD.

Moi, je reste.

MARGUERITE.

Édouard, mon fils ! Veux-tu donc faire mourir ta mère ?

ÉDOUARD.

Oh ! non, non, jamais.

(Il court embrasser sa mère, et entre avec elle dans un réduit à gauche. Morin franchit la palissade du fond.)

SCÈNE V.

CROFT, CARL, puis GLOCESTER,
suivi de plusieurs officiers.

CARL.

Ouvrons maintenant pour ne pas inspirer de défiance. (*Il ouvre la porte de la chaumière. A Croft.*) Ote vite un couvert, un siége... dispose tout comme si nous attendions le Duc. (*Il regarde en dehors.*) Le voici.

(Ils arrangent la table et feignent beaucoup d'empressement. Glocester entre sans bruit, s'arrête sur le seuil de la porte et les écoute.)

CROFT, bas à Carl.

Il nous écoute.

CARL, sans regarder Glocester.

Hâte-toi donc, que j'aille bien vite au-devant de notre brave duc de Glocester pour l'inviter à se reposer dans ma chaumière. Si j'avais pu prévoir que le héros d'Angleterre... (*à part*) brigand ! (*haut*) me fît un tel honneur, j'aurais tâché de le recevoir convenablement. (*A part.*) Que n'est-il à cent pieds sous terre ! (*Haut.*) Vite ! vite ! va chercher nos plus beaux fruits et ce petit flacon de rhum qui est là-bas, derrière les fagots ; tu placeras tout cela sur la table. Moi, je cours à sa rencontre. (*Il se retourne et feint beaucoup d'étonnement en se trouvant face à face avec le duc.*) Mille pardons, Milord, je ne croyais pas que votre Altesse...

GLOCESTER.

Bien, mon ami, je suis content de toi, et je saurai reconnaître ton zèle.

CARL.

Assurément, Milord, l'honneur que je reçois mérite bien que je fasse tous mes efforts pour y répondre.

9.

GLOCESTER.

Si je ne me trompe, c'est toi que j'ai rencoutré ce matin dans la forêt ?

CARL.

Votre Altesse ne se trompe pas ; c'est moi-même qui ai été assez heureux pour la saluer à la tête de mes camarades.

GLOCESTER.

Tu n'as rien appris concernant les fugitifs que je poursuis ?

CARL.

Rien, Milord. Si j'avais eu ce bonheur, j'aurais couru bien vite en informer votre Grâce. Ah ! morbleu ! quel beau jour pour moi que celui où notre pays sera délivré des misérables qui le fatiguent de leur présence, et le déshonorent par leurs actions !

GLOCESTER.

J'aime cette chaleur.

CARL.

Si j'osais dire à votre Altesse tout ce que je pense, elle serait bien étonnée. Je suis dans une telle indignation que je ne me possède pas.

GLOCESTER.

Allons, calme-toi ; l'Angleterre sera bientôt débarrassée de tous ceux qui te déplaisent.

CARL.

Faites donc, Milord, que ce soit le plus tôt
possible.

GLOCESTER.

La journée ne se passera pas sans que tes
vœux soient exaucés.

CARL.

Que le Ciel vous entende.

GLOCESTER.

Je viens d'imaginer un expédient fort simple, mais contre lequel échoueront infailliblement toutes leurs ruses.

CARL, avec inquiétude.

Ah ! (*Se remettant.*) tant mieux !

GLOCESTER.

J'ai fait cerner la forêt par quinze mille
hommes, qui ont ordre de marcher toujours
vers le centre, de manière à s'y réunir.

CARL, s'efforçant de paraître gai.

C'est bien cela ! (*A part.*) Ils sont perdus.

GLOCESTER.

Mais comme il existe çà et là dans l'intérieur du bois, des cabanes de bûcherons, et
qu'il se pourrait que les fugitifs y trouvassent
un asile qui échapperait à la vigilance et aux
recherches de mes gens, je vais ordonner que
toutes les chaumières soient brûlées et dé-
truites de fond en comble.

CARL, à part.

Plus d'espoir. (*Haut.*) Il est certain que ce moyen est infaillible. Cependant cette mesure, d'une invention admirable sans doute, présente quelques légers inconvéniens que votre Altesse n'a peut-être pas prévus. Si j'osais...

GLOCESTER.

Parle.

CARL.

Il me semble qu'en visitant exactement chaque habitation on parviendrait au même résultat sans exposer la forêt à un embrasement général.

GLOCESTER.

Tant mieux. Certain, comme je le suis, que Marguerite, son fils et le duc de Lavareune s'y sont réfugiés, peu m'importe que cette forêt soit entièrement consumée ; du moins elle sera devenue leur tombeau.

CARL, à part.

Faudra-t-il les voir périr sans les défendre !

GLOCESTER, à ses Officiers.

Vous m'avez entendu ! dirigez-vous sur les différens points de la forêt, et que ma volonté reçoive à l'instant son entière exécution.

(Les Officiers sortent.)

SCÈNE VI.

CARL, GLOCESTER.

CARL, à part.

LES voilà partis! peut-être trouverons-nous un moyen... (*Haut.*) Votre Altesse ne me fera-t-elle pas l'honneur de goûter ces fruits, ce lait? C'est un déjeuner de charbonnier.

GLOCESTER.

Excellent, quand l'appétit l'assaisonne.
(Il se met à table.)

CARL, à part.

Comment les faire sortir.

GLOCESTER.

Il me paraît que mon plan n'a pas obtenu ton approbation?

CARL.

Au contraire, Milord. Il faudrait que je fusse bien difficile. Ce doit être un magnifique coup d'œil que celui d'une forêt de trente milles de circuit totalement embrasée. C'est ainsi que, pour se divertir pendant une belle nuit, le célèbre Néron fit mettre le feu aux quatre coins de Rome.

GLOCESTER, avec humeur.

Ah ! tu n'es pas heureux dans tes comparaisons.

CARL.

Pardon, Milord, je la croyais, cependant juste, à une légère différence près ; c'est que le brigand de Rome était sur une tour de laquelle il pouvait tout voir ; au lieu que votre Grâce, dans cette chaumière placée au milieu de la forêt, ne verra rien et se trouvera nécessairement enfermée par les flammes.

GLOCESTER.

Sois tranquille ; avant que l'incendie gagne, nous aurons le tems de nous éloigner.

CARL.

Puisque c'est un parti pris, votre Altesse voudra bien permettre que je m'occupe au plus tôt de mon déménagement ?

GLOCESTER.

Va, fais comme si tu étais seul.

CARL.

Cela ne se peut pas, Milord.

GLOCESTER.

Pourquoi non ?

CARL.

La crainte.... le respect... (*A part.*) J'imagine.... payons d'audace.... (*Haut.*) Allons, Brigitte, notre femme, alerte !... lève-toi bien vite... Hein? (*Il écoute.*) Tu ne peux pas? (*Au Duc.*) C'est qu'elle a été bien malade, voyez-vous, ma pauvre Brigitte; et elle n'est pas encore remise. (*Haut.*) Il le faut cependant. Rassemble tes effets; on va mettre le feu à la chaumière, il est bien forcé de déguerpir. Croft! Croft!

CROFT, en dehors.

Plaît-il, notre maître?

CARL.

Dis à ma femme de se dépêcher; il faut que je reste pour servir Milord, pour le distraire.

GLOCESTER.

Tu n'as point d'enfant?

CARL.

Pardon, Milord, un petit bonhomme de huit ans. (*A part.*) Le prince en a onze. (*Haut.*) Vous l'avez vu ce matin dans la forêt.

GLOCESTER.

Ce petit espiègle qui s'était caché?

CARL.

C'est cela, Milord.

GLOCESTER.

Où donc est-il?

CARL.

Il tient compagnie à sa mère. Quand on

n'a rien à laisser à ses enfans, il faut au moins leur inspirer de bonne heure pour leurs parens, ces égards, ce respect dont ils manquent trop souvent, et sans lesquels ils ne sont que de mauvais sujets lorsqu'ils sont livrés à eux-mêmes.

GLOCESTER.

C'est bien pensé. Fais-le venir, je serai bien aise de le voir.

CARL, à part.

S'il allait le reconnaître. (*Haut.*) Croft! dis à James de descendre. (*Croft paraît sur le seuil du réduit. Carl lui fait signe de barbouiller la figure de l'enfant.*) Vous excuserez, Milord; je suis sûr qu'on n'aura pas eu le tems de le débarbouiller. C'est que ça travaille déjà comme un homme, et dans notre métier, on n'est pas beau tous les jours.

GLOCESTER.

Qu'importe?

SCÈNE VII.

ÉDOUARD, CARL, GLOCESTER.

(*Le jeune prince est couvert de la même tunique dont il s'est affublé dans l'arbre. Il a le visage légèrement barbouillé.*)

CARL, à part.

Ils m'ont compris. (*Haut.*) Je vous l'avais

bien dit. Ta mère aurait dû t'approprier un peu.

GLOCESTER.

Qu'est-ce que cela fait ?

CARL.

Allons, approche, et salue son Altesse le duc de Glocester. Vous l'excuserez, Milord, il est un peu gauche.
(Édouard qui comprend ce que Carl veut dire, salue d'un air gauche.)

GLOCESTER.

Non pas ; il est tout-à-fait gentil.

CARL.

Eh bien ! remercie donc sa Grace ! Dis-lui que tu es bien sensible, bien flatté. Oh ! il ne dira rien ! (*Édouard se roidit; on voit le mécontentement se peindre sur tous ses traits. Carl, qui craint qu'il ne se trahisse, se hâte de prendre la parole.*) Allons, tais-toi plutôt que de faire quelque maladresse ou de dire quelque sottise. Son Altesse ne refusera pas d'accepter un verre de rhum ?

GLOCESTER.

Volontiers.

CARL, à Édouard.

Allons, va-t-en, maussade.

GLOCESTER, le prenant par la main, et le ramenant au bord de la scène.

Pourquoi ? Laisse-le.

, CARL, à part.

Je tremble qu'il ne fasse quelque imprudence.

GLOCESTER, montrant à Carl un verre qu'il a rempli.

Prends.

CARL.

Je ne mérite pas l'honneur que votre Altesse me fait.

GLOCESTER. ,

Prends, te dis-je. Buvons à la mort de Marguerite.

ÉDOUARD.

A la mort de ma mère ! Scélérat !

(Il prend une javeline que portait Glocester en entrant et se met en attitude menaçante.)

GLOCESTER.

Qui donc es-tu ? (*Il s'élance sur Édouard, ouvre le haut de sa tunique, et voyant le vêtement riche qu'il porte, s'écrie avec une joie féroce :*) Le fils de Marguerite ! (*Il arrache la javeline des mains du jeune Prince, tire son poignard et s'avance vers lui pour le frapper.*) Descends dans la tombe, unique et précieux rejeton des Lancastre.

SCÈNE VIII.

ÉDOUARD, MARGUERITE, CARL, GLOCESTER, CROFT.

CARL, ferme la porte de la chaumière, et fait signe à Croft d'approcher.

Non pas , s'il vous plaît.

(Il s'élance sur le Duc , et lui arrache d'une main son épée, et de l'autre son poignard.)

CROFT.

Un moment, Milord.

(Il s'est précipité vers le Duc , et le menace avec la javeline.)

GLOCESTER.

Traîtres !

MARGUERITE, accourant et se mettant au-devant d'Édouard.

Mon fils ! mon fils !

(Ces mouvemens doivent être extrêmement rapides. Tableau.)

GLOCESTER.

A moi !...

(Il fait un mouvement pour appeler.)

CARL.

Laissez donc. (*A Croft.*) Un bandeau sur la bouche... Sois tranquille, je le tiens.

(Glocester veut se débattre.)

CROFT.

Qu'allons-nous en faire ? Le tuer.

CARL.

Ma foi, oui.

CROFT.

C'est le plus court.

CARL.

Et le plus sûr.

(Il lève le bras pour le percer. Pendant ce dialogue,
Croft a pris une serviette, avec laquelle il lui
couvre la bouche, et que l'on noue derrière la
tête.)

MARGUERITE,   arrêtant Carl.

Non, non ! je vous demande grâce pour
lui.

CARL.

Craignez, Madame, que trop de pitié ne
vous devienne fatale.

MARGUERITE.

Je rougirais d'imiter son exemple. Il faut
le forcer à nous signer un sauf-conduit pour
nous rendre en Écosse.

CARL.

Il le révoquera quand nous serons partis.
(*Marguerite insiste. A Édouard*) Mon
Prince, vous trouverez là tout ce qu'il faut
pour écrire.

(Il indique le réduit.)

MARGUERITE.

Glocester, ta vie est entre nos mains, consens-tu à ce que je te demande?

(Glocester fait un signe affirmatif. Carl et Croft ne
le perdent pas de vue. Édouard apporte du papier
et de l'encre. Le Duc écrit.*)

MARGUERITE.

Jure devant Dieu!

CARL.

Il n'y croit pas.

MARGUERITE.

Sur l'honneur.

CARL.

Il l'a perdu. Non, Madame, ces précautions sont insuffisantes; si vous voulez n'être
pas troublée dans votre fuite, nous n'avons
qu'un parti à prendre, c'est de l'enfermer
dans cette chaumière, après l'avoir mis hors
d'état de nous nuire. (*Glocester présente le
papier à Marguerite.*) Nous tenons le sauf-
conduit; attachons-le à ce poteau, et sau-
vons-nous. Allez toujours devant, Madame.
Non pas de ce côté; vous seriez vue par les
gens de son escorte... Là, à droite, au fond
du réduit, une petite barrière qui ouvre
dans la forêt. (*Marguerite sort avec Édouard.*)
Le sentier à gauche... puis tout droit... (*Au
Duc.*) Maintenant, Milord, à nous; faites
les choses de bonne grâce... ou sinon!...

10.

J'en suis fâché pour votre Altesse, mais il faut qu'elle en passe par là.

(Carl et Croft conduisent le Duc devant un des poteaux qui soutiennent l'entrée du hangard , et l'attachent avec une corde. Il a toujours le bandeau sur la bouche.)

CROFT.

Au revoir, milord Duc.

CARL.

Bien du plaisir, en attendant qu'on brûle la forêt. Si je rencontre quelques-uns de vos officiers, je leur dirai de votre part de faire diligence.

(Ils sortent tous deux.)

SCÈNE IX.

GLOCESTER.

(Ses regards étincellent de fureur. Il parvient, à force de se débattre, à ôter son bandeau. Alors il crie :)

A moi, soldats! à moi !...

(On ne lui répond pas ; en portant sa vue de tous côtés pour chercher les moyens de se dégager, il aperçoit la trompe de Carl , que celui-ci, en entrant, a suspendue au poteau. Alors il se leve sur la pointe des pieds, atteint l'embouchure de la trompe et la fait sonner. Ce signal est répété de poste en poste. On veut entrer dans la chaumière; mais la porte est fermée.)

SCÈNE X.

CLOCESTER, SOLDATS ANGLAIS.

(Des soldats enfoncent la porte et courent délivrer
le Duc.)

GLOCESTER.

MARGUERITE et son fils étaient ici... Ils
viennent de fuir de ce côté avec deux bûcherons. Hâtez-vous.

(Les soldats sortent précipitamment.)

SCÈNE XI.

GLOCESTER.

Tu vas apprendre bientôt, généreuse Marguerite, que lorsque l'on tient son ennemi
dans son pouvoir, il n'est point de considération qui doive porter à des ménagemens.
Cette faute te coûtera la vie ! Enfin cette
journée va donc terminer la longue et san-
glante querelle qui a mis l'Angleterre en feu...
Grâce à l'intrépidité de Warwick, le plus
ferme appui de notre cause, nous avons
triomphé sur tous les points. Marguerite
seule nous restait à vaincre ; sa défaite assure
à la maison d'York les plus brillantes desti-
nées. Heureux Glocester ! la fortune elle-
même semble diriger tous tes pas. Elle ne

tardera pas sans doute à te conduire au trône.
(*On entend des cris en dehors.*) Ce bruit
m'annonce l'arrivée de ma captive.

SCÈNE XII.

GLOCESTER, MARGUERITE, ÉDOUARD, CARL, CROFT, SOLDATS.

MARGUERITE.

Tu dois être satisfait, Glocester?

GLOCESTER.

Je l'avoue, ce trophée manquait à ma
gloire.

MARGUERITE.

La gloire d'un assassin !

GLOCESTER.

Madame !...

MARGUERITE.

Ton air farouche décèle encore tes sinistres
projets.

GLOCESTER.

Rappelez-vous l'indigne traitement que
vous fîtes éprouver à mon père après la bataille de Sandal.

MARGUERITE.

Ton père était un rebelle, il mérita son
sort ; et tu me prouves aujourd'hui que je fus

coupable envers l'État, en ne faisant point partager son supplice à ton frère et à toi. Songes-y bien, Glocester, quelque désespérée que semble ma situation, la fortune peut sourire encore entre la tombe et moi.

GLOCESTER.

Je ne le crois pas, du moins je ferai en sorte qu'elle n'en ait pas le tems.

MARGUERITE.

Hâte-toi donc, barbare.

GLOCESTER.

Non, c'est à Londres que je veux offrir ce beau spectacle à ma nation.

MARGUERITE.

Et tu ne crains pas que l'ombre de Henry, s'échappe des bras de la mort...

GLOCESTER.

Ce prodige ne s'opérera point. Ce fer a placé ton époux dans la tombe de manière qu'il n'en sortira jamais.

MARGUERITE.

Ah ! monstre !

CARL.

Au nom du Ciel, Madame, n'irritez pas ce caractère fougueux. Intercédez plutôt pour vous, pour votre fils.

MARGUERITE.

Laisse-moi donner un libre essor à mes

pensées : la vraie noblesse est exempte de crainte. Son regard est affreux !.... Eh bien ! il ne saurait me faire trembler. Que la terre s'entr'ouvre et m'engloutisse vivante, avant que l'on me voie supplier le meurtrier de mon époux !

GLOCESTER.

Vous avez raison, vous ne le fléchiriez pas.

MARGUERITE, avec force.

Homme sanguinaire et féroce ! si le Ciel tient en réserve des maux inconnus plus affreux que ceux que je pourrais nommer, qu'il les retienne encore jusqu'à ce que la mesure de tes forfaits soit comblée, et qu'alors il les verse tous à la fois sur ta tête criminelle.

GLOCESTER.

Mets un terme à tes inutiles imprécations, elles fatiguent ma patience.

MARGUERITE.

Eh bien ! qu'attends-tu pour nous ôter la vie ? Frappe, le meurtre est pour toi un acte de clémence ; tu ne refusas jamais l'ennemi suppliant qui te demanda de trancher ses jours.

GLOCESTER.

Non, te dis-je ; le Ciel t'a marquée pour le supplice.

MARGUERITE.

Et toi pour l'infamie.

GLOCESTER.

Orgueilleuse Française! Dans peu ton nom
sera flétri.

MARGUERITE.

Il ne l'est pas même en passant par ta
bouche, juge si rien peut le souiller. Marchons, mon fils ; c'est pour nous donner une
vie glorieuse et plus durable qu'il va nous
ôter de ce monde. Le coup qui nous affran-
chira de sa tyrannie doit nous porter à l'im-
mortalité.

GLOCESTER.

Tu le veux, Marguerite! il faut te satisfaire. C'est en présence de l'armée que je
vais t'envoyer joindre ton illustre époux.

SCÈNE XIII.

**GLOCESTER , LE SÉNÉCHAL , MAR-
GUERITE, ÉDOUARD, CARL, ISAURE,
MORIN , SOLDATS FRANÇAIS.**

LE SÉNÉCHAL , entrant avec vivacité.

TRAITRE, tombe aux pieds de ta souveraine
et implore ton pardon de sa clémence.

MARGUERITE.

Qu'entends-je ?

GLOCESTER.

Mon pardon, dis-tu? (*A ses sodats.*)
Saisissez-vous de ce téméraire; et qu'il soit
percé de mille coups.

LE SÉNÉCHAL, avec force.

En avant, Français !

(On entend quelques coups de canon et un grand
bruit d'armes. Les palissades sont brisées. Les
Français pénètrent de tous côtés et désarment
l'escorte de Glocester. Des cris de : *bas les armes !*
se font entendre de toutes parts.)

MORIN, à Glocester.

Désespéré, Milord, dé cé pétit contré-
tems. Voulez-vous bien mé rendre votre
épée ?

GLOCESTER, furieux.

Rendre mon épée à un Français?... jamais.

(Il la brise.)

MORIN.

Vous êtes bien difficile !

LE SÉNÉCHAL.

Il a raison. Il est indigne de cet honneur.

GLOCESTER.

Jouis de ce faible triomphe, Lavarenne; il
ne sera pas de longue durée. Mon armée...

LE SÉNÉCHAL.

Tu n'en as plus.

GLOCESTER.

Warwick...

LE SÉNÉCHAL.

Est à nous.

MARGUERITE.

A nous !

GLOCESTER.

A vous ? tu en imposes. Ses sermens...

LE SÉNÉCHAL.

Pour qui jura le crime, le parjure devient une vertu. J'ai surpris, à l'entrée de la forêt, un courrier du Roi, ton frère. Ses dépêches (*il les remet à Glocester*) t'annoncent que cédant à une passion aveugle et criminelle, il vient d'épouser la fiancée de Warwick.

GLOCESTER, après avoir parcouru la lettre.

O frère imprudent !

LE SÉNÉCHAL.

J'ai senti tout ce qu'un aussi lâche procédé nous donnait d'avantages, et j'ai couru en informer Warwick. Je ne vous peindrai pas ses transports, sa colère. Qu'il vous suffise, Madame, de savoir qu'il abjure ses erreurs et se déclare solennellement l'ennemi des traîtres qui l'avaient séduit. Ses soldats, qui le chérissent comme un père, ont juré de le suivre partout et de venger son offense. Tous marchent vers Londres pour vous y faire couronner aux acclamations universelles de l'ar-

. mée et des nombreux sujets qui vous sont
demeurés fidèles.

MARGUERITE.

O Ciel ! ouvre tes portes éternelles pour
donner un libre passage à mes actions de
grâces !... après Dieu, cher Lavarenne, c'est
à vous que je devrai ma couronne. Comment
pourrai-je m'acquitter ?

LE SÉNÉCHAL, montrant Isaure.

En récompensant ce jeune Français qui
s'est distingué par un courage et un dévouement extraordinaires...

MARGUERITE.

Je me suis occupée de son bonheur.

LE SÉNÉCHAL.

Et en me permettant de retourner près
d'une épouse...

MARGUERITE.

Digne de tout votre amour.

LE SÉNÉCHAL.

Qui vous a dit ?...

MARGUERITE.

Jé sais tout... (*Prenant Isaure par la
main ; et la présentant à Lavarenne.*)
Isaure, embrassez votre époux.

LE SÉNÉCHAL.

Quoi ! vous seriez ?...

ISAURE.

Oui, cher Duc.

MORIN, sautant de joie.

Hé! oui. C'est madame Isaure; et c'est moi qui l'ai amenée.

ISAURE.

C'est Isaure qui a tout bravé pour vous revoir et reconquérir un cœur...

LE SÉNÉCHAL, tombant aux genoux de sa femme.

Qui vous appartient pour la vie.

SCÈNE XIV.

LES PRÉCÉDENS, BELLEPOINTE, accourant.

BELLEPOINTE.

MADAME, M. le Sénéchal, hâtez-vous de quitter cette chaumière. Ce féroce Anglais a fait mettre le feu à la forêt. Poussé par les vents, l'incendie gagne avec une rapidité effrayante. (*On voit la lueur des flammes.*) Fuyez, pendant qu'il en est tems encore. Bientôt ces lieux n'offriront plus qu'un vaste monceau de cendres.

TOUS.

Fuyons.

(Tous sortent confusément.)

LE SÉNÉCHAL, saisissant la main de la Reine et d'Isaure.

Allons rejoindre Warwick.

(Ils sortent suivis d'Édouard, qui est conduit par Bellepointe.)

CARL, arrêtant Glocester qui veut sortir.

Non pas, non pas. Dussé-je périr avec toi, il faut que cet horrible moyen tourne contre celui qui l'a inventé.

(Un combat s'engage entre Glocester et Carl. L'incendie fait des progrès rapides. Glocester reçoit un coup mortel et tombe sous les arbres qui s'embrasent et sont déracinés par la violence du feu. Carl, en fuyant, rencontre Morin qui se jette à son cou.)

MORIN, s'écrie.

C'est céla, sandis! *Par pari refertur.*

(Tous deux sortent de la chaumière, où les flammes ne tardent point à pénétrer. Le théâtre est couvert de feu. La toile tombe.)

FIN DE MARGUERITE D'ANJOU.

LES RUINES
DE BABYLONE,

OU

GIAFAR ET ZAIDA,

MÉLODRAME HISTORIQUE EN TROIS ACTES,

PAR M. GUILBERT-PIXÉRÉCOURT;

Représenté, pour la première fois, sur le théâtre
de la Gaîté, le 30 octobre 1810.

II.

PERSONNAGES.

—

HAROUN-AL-RASCHID, Calife de Bagdad.

HASSAN, fils d'Haroun.

ZAÏDA, sœur du Calife et épouse de Giafar.

GIAFAR LE BARMÉCIDE, premier Visir.

NAIR, fils de Giafar et de Zaïda, âgé de cinq ans.

RAYMOND, Français, ami secret de Giafar.

ISOUF, chef des Eunuques.

ABOULCASEM, Cheik de Bédouins.

MORABECK, Bédouin.

AGIB, vieil Arabe, un garde du Calife.

ODALISQUES.

SOLDATS.

BÉDOUINS.

ESCLAVES.

EUNUQUES.

L'action se passe en 796, à Bagdad et dans les ruines de Babylone, qui n'en sont éloignées que de douze à quinze milles.

LES RUINES
DE BABYLONE,

MÉLODRAME.

ACTE PREMIER.

Le théâtre représente l'intérieur des jardins du sérail.
A gauche (*)., l'appartement de Zaïda, dont une
croisée donne sur le jardin. A droite, un kiosque
fort simple en apparence. Dans le fond une grille
très-riche. En ouvrant les persiennes dont elle
est garnie, on voit le Tygre qui baigne les murs
du sérail, et le pont couvert jeté sur ce fleuve ;
l'autre rive présente une campagne riante ornée
de jolies habitations.

SCÈNE I.

ESCLAVES MUETS, RAYMOND.

(Au lever du rideau, les esclaves sont occupés des
apprêts de la fête que l'on destine à Giafar ; on
place des vases remplis de fleurs, des guirlandes,
etc. Raymond dirige tout ; ses recommandations
et son activité impriment un grand mouvement
à ce tableau.)

RAYMOND.

JE vous ai donné l'exemple du travail ; main-

(*) Toutes les indications que l'on trouvera dans
la pièce sont censées prises du parterre ; c'est-à-dire
relativement aux spectateurs. Les acteurs sont placés
au théâtre comme en tête de chaque scène. Les chan-
gemens de position sont indiqués au bas de la page.

tenant je vous dois celui du plaisir et de la joie. Voici la chanson que je vous ai promise pour stimuler votre zèle. Seulement, comme elle fronde tant soit peu les lois sévères du sérail, je chanterai tout bas et vous danserez incognito.

(Il chante en s'accompagnant du luth.)

PREMIER COUPLET.

Je ris tout bas de votre Mahomet;

Que le prophète ici me le pardonne :

Mais aux plaisirs que sa loi nous promet,

Moi, je préfère un baiser qu'on me donne.

(Pendant ce refrein , les muets dansent d'une manière grotesque sur l'accompagnement de Raymond , qui leur recommande de faire le moins de bruit possible.)

SCÈNE II.

LES PRÉCÉDENS , **GIAFAR** , déguisé en esclave noir.

(Giafar paraît dans le fond, il fait des signes à Raymond.)

RAYMOND, à part, le remarquant.

A qui donc en a cet esclave ? Sans doute il a fait quelque sottise, et il vient implorer mon appui contre le chef des Eunuques. (*Les esclaves se rapprochent de Raymond, et le prient de continuer sa chanson.*) C'est juste, je n'ai pas rempli ma promesse ; il vous faut encore un couplet.

(Les esclaves applaudissent.)

SECOND COUPLET

Aux vrais croyans, dans son livre divin,

Après leur mort, il promet l'ambroisie.

Ah! sans attendre un bonheur incertain,

Transportons-nous d'avance en l'autre vie.

(Refrein et danse comme au premier couplet. Giafar, qui a parcouru les jardins pour ne pas inspirer de soupçons, revient à la fin de la danse, et renouvelle ses signes à Raymond, mais avec plus d'instance, il le supplie d'éloigner ceux qui l'entourent.)

RAYMOND, à part.

Encore ce muet! décidément c'est à moi qu'il en veut. Ses instances me touchent. Allons... il faut le satisfaire. (*Aux esclaves.*) C'est assez pour aujourd'hui. Allez dans l'autre partie des jardins, je ne tarderai pas à vous rejoindre. Vous disposerez le bois d'orangers pour l'illumination, d'après le plan que j'ai tracé.

(Giafar remercie Raymond et se tient à l'écart pendant la sortie des muets qui s'éloignent par la droite en dansant.)

SCÈNE III.

GIAFAR, RAYMOND.

RAYMOND, à Giafar.

APPROCHE. Que veux-tu?

GIAFAR, le menant vivement près du kiosque, afin de n'être pas vu.

T'embrasser et revoir ma chère Zaïda.
(Il ôte le masque qui couvre sa figure.)

RAYMOND.

Giafar !

GIAFAR, *lui mettant la main sur la bouche.*

Silence !

RAYMOND.

Mon maître !

GIAFAR.

Dis donc ton ami, mon cher Raymond.

(Ils s'embrassent.)

RAYMOND, (*) *après avoir regardé s'ils ne peuvent être vus.*

Votre imprudence me fait frémir. Si le Calife...

GIAFAR.

Quelle que soit sa défiance, ira-t-elle deviner son premier visir sous les habits d'un vil muet ? Non, sans doute. D'ailleurs il me croit occupé dans mon camp. Pendant que l'on dispose tout pour l'entrée triomphale et brillante que sa magnificence me prépare, je me suis secrètement dérobé de ma tente. A la faveur de ce déguisement, j'ai traversé la ville et suis entré au sérail sans rencontrer le plus léger obstacle.

RAYMOND.

Je tremble. Si l'on vous découvrait en ces lieux...

____

(*) Raymond, Giafar.

GIAFAR.

Je sais tout ce que j'aurais à redouter de
l'implacable Haroun. Qui mieux que moi
connaît ce despote orgueilleux, si étonnant
par le mélange inconcevable des meilleures et
des plus mauvaises qualités ? Je sais que ce
prince, justement renommé dans l'Orient par
sa bravoure, sa libéralité et les bienfaits qu'il
répand sur ses peuples, s'est montré souvent
capricieux, ingrat, cruel même ; qu'il sa-
crifie sans scrupules et sans regrets les droits
les plus sacrés de la reconnaissance et de
l'humanité à ses injustes soupçons et à la bizarrerie de ses goûts. Je ne puis donc ignorer
que ni mes services depuis dix ans, ni les
victoires que je viens de remporter, ni son
amitié même, ne pourraient me soustraire à
l'affreuse vengeance qu'il tire de quiconque
ose enfreindre ses ordres : mais j'ai tout bravé
pour revoir mon épouse. Après une absence
de dix lunes, j'ai dû craindre que ses transports, que les miens ne nous trahissent en
présence de l'argus adroit qui nous surveille.
Elle attend de moi des détails sur son fils,
sur notre cher Naïr, dont nous avons su
couvrir, jusqu'à ce jour, l'existence d'un
mystère impénétrable. En un mot, il faut,
à tel prix que ce soit, que je la voie, que je
lui parle sans témoins. J'ai compté dans cette
circonstance importante sur la protection du
prophète et sur le zèle d'un ami sincère dont
l'adresse a su éloigner de nous tous les périls,

et m'a procuré les seuls instans du véritable bonheur que j'aie jamais connus.

RAYMOND.

O Barmécide ! mon digne bienfaiteur, votre attente ne sera pas trompée. J'ai plus que jamais les moyens de vous être utile. L'espèce de folie que j'affecte et dont Zaïda paraît s'amuser à dessein, plaît beaucoup au Calife et me donne le droit de dire impunément la vérité. Personne n'ose se plaindre d'un homme qui a le bonheur de faire rire sa Hautesse, et à qui elle a conféré le droit exclusif de rompre, par ses saillies bouffonnes, ou par des fêtes qu'il invente, la monotonie de ce séjour. Fidèle à notre plan, je continue de marquer pour vous de l'éloignement, de l'aversion même, et j'ai cru remarquer que c'était une des causes principales de la bienveillance d'Haroun à mon égard. Quoiqu'il vous aime beaucoup, par une suite naturelle de la bizarrerie de son caractère, il lui paraît piquant de l'emporter sur vous, et de m'inspirer de l'ingratitude pour mon ancien maître. Ah! qu'il connaît mal le cœur de Raymond. Le rang, les honneurs, les richesses, rien ne saurait éteindre la juste reconnaissance que je vous ai vouée. Généreux Giafar, le souvenir de vos bienfaits est gravé là... en traits ineffaçables. Disposez de Raymond comme de votre esclave le plus fidèle ; il est à vous à la vie, à la mort.

GIAFAR.

Tant de zèle me touche et ne me sur-
prend pas. Tu m'as prouvé depuis huit ans
que ton attachement pour moi ne connaît rien
d'impossible. Apprends donc....

ISOUF, en dehors.

Raymond !

RAYMOND.

On m'appelle. (*Il regarde.*) C'est Isouf.

GIAFAR.

Cet eunuque dévoué à la favorite est-il
toujours en faveur ?

RAYMOND.

Plus que jamais.

GIAFAR.

C'est tout simple, il est faux et méchant.

ISOUF, de même.

Raymond !

RAYMOND.

Plaît-il, Seigneur ? (*A Giafar.*) Je vais
trouver. Attendez-moi. Il vient !... Remette
votre masque et feignez de vous occuper du
soin de ces fleurs.

SCÈNE IV.

RAYMOND, ISOUF, GIAFAR.

RAYMOND, *très-gaîment.*

ME voilà, seigneur Isouf; me voilà.

ISOUF.

Je te cherchais. Il faut que je te parle. (*D'une voix dure à Giafar, qui arrose des arbustes.*) Esclave, éloigne-toi.

GIAFAR, (*) bas à Raymond.

Fâcheux contre-tems !

(*Il s'enfonce dans les jardins à droite.*)

SCÈNE V.

RAYMOND, ISOUF.

ISOUF, à part.

CE Français peut m'être utile. Essayons de le séduire, sauf à le perdre ensuite.

RAYMOND, à part.

Défions-nous de ce vieil hypocrite.

ISOUF.

Trop heureux Raymond, rends grâce à la fortune qui vient se présenter à toi.

____

(*) Raymond, Giafar, Isouf.

RAYMOND.

Peut-elle m'offrir rien de plus agréable que cette rencontre imprévue?

ISOUF.

Trève de complimens. Point de détours avec moi.

RAYMOND, à part.

Que veut-il dire ?

ISOUF.

Tes desseins me sont connus. J'ai deviné le motif qui t'a fait quitter Giafar et solliciter la faveur étonnante d'être admis dans les jardins du sérail.

RAYMOND, avec inquiétude.

Vous l'avez deviné ?

ISOUF.

Oui.

RAYMOND, de même.

Et ce motif, c'est...

ISOUF.

L'ambition.

RAYMOND, à part.

Il ne sait rien.

ISOUF.

Jamais personne ne m'a trompé.

RAYMOND, à part.

Je serai donc le premier. (*Haut.*) Puisque, grâce à votre étonnante pénétration, mon secret vous est connu, je vais vous dévoiler

mon âme tout entière. Sans doute, j'ai dé
grandes obligations à Giafar ; pendant le séjour que ce ministre fit à la cour de Charle-
magne, j'eus occasion d'éprouver la bonté de
son cœur. Ma famille était opprimée, malheureuse ; il lui rendit tous les biens à la fois,
l'honneur et la fortune. Je m'attachai à lui et
je quittai la France pour le suivre à Bagdad.
Il me regardait comme un autre lui-même
et me communiquait ses plus secrètes pensées.
Mais à travers ses confidences, j'observai
le caractère du Calife ; je crus démêler que ce
prince commençait à se lasser de Barmécide,
soit par inconstance, soit par la seule raison,
peut-être, qu'il en a reçu les services les
plus signalés.

ISOUF.

Trop loyal encore pour vouloir précipiter
la chute de ton bienfaiteur, tu ne pus cependant repousser l'espoir de t'élever sur ses
ruines ?

RAYMOND.

Il est vrai.

ISOUF.

J'avais deviné tout cela. Je t'observe depuis long-tems, et j'ai su démêler, à travers
cette folle gaîté, une profondeur et une sou-
plesse très-propres à seconder mes importans
desseins.

RAYMOND, à part.

Habile physionomiste.

ISOUF.

Nous touchons tous deux à une époque décisive pour notre fortune.

RAYMOND.

J'en accepte l'augure.

ISOUF.

Mais nous avons besoin d'un accord parfait, d'une alliance étroite que rien ne puisse rompre, et surtout d'un secret inviolable.

RAYMOND.

Vous ne pouviez mieux vous adresser.

ISOUF.

Choisis donc, ou vingt mille sequins et la seconde place de l'État après le Calife, car j'aurai la première.

RAYMOND.

C'est juste.

ISOUF.

Ou une mort...

RAYMOND.

Mon choix n'est pas douteux.

ISOUF.

Pénètre-toi bien du vaste plan que nous avons conçu. Je dis nous, car je ne suis que l'organe d'une femme jalouse et offensée, d'Almaïde.

RAYMOND.

L'épouse du Calife ?

ISOUF.

Depuis six ans Giafar est uni à la belle Zaïda ; mais tu ignores les circonstances qui ont amené cet étrange mariage, et la condition bizarre qui y fut attachée ; condition qui va devenir la source des plus grands événemens.

RAYMOND.

Chaque mot redouble ma curiosité.

ISOUF.

Almaïde, avant d'appartenir au Calife, était éprise de Giafar, mais Barmécide fut insensible à ses attraits et à toutes ses séductions. Que fit cette fière beauté pour se venger d'une telle indifférence ? S'étant aperçue de l'inclination secrète de Giafar pour la sœur du Calife, elle conseilla à celui-ci de les unir. Puis, abusant des droits qu'elle avait sur son époux, dont elle avait comblé le vœu le plus cher en lui donnant un fils...

RAYMOND.

Ce jeune Hassan que l'on élève dans une forteresse construite au milieu des ruines de Babylone ?

ISOUF.

Précisément. Sous prétexte que le sang d'Ali ne devait pas être souillé par une alliance étrangère, mais effectivement pour assurer le trône à son fils, elle mit à cet hymen la condition cruelle que Barmécide ne serait jamais pour Zaïda qu'un frère, un ami ; qu'en un mot il ne réclamerait jamais les droits d'un époux.

RAYMOND, à part.

L'idée de cette terrible vengeance n'a pu naître que dans le cœur d'une Africaine outragée.

ISOUF.

Ébloui d'un tel honneur, et se flattant peut-être que le Calife rétracterait un jour cet ordre rigoureux, Giafar se soumit à tout. Il s'engagea sous peine de mort, à l'exécution entière de la volonté de son maître.

RAYMOND.

À coup sûr il n'aimait point Zaïda. S'il avait eu l'amour que vous lui supposez, il n'eût jamais fait un serment qu'il est au-dessus des forces humaines de ne pas enfreindre.

ISOUF.

Aussi l'a-t-il violé.

RAYMOND, à part.

Il sait tout.

ISOUF.

Du moins nous en avons la conviction intime.

RAYMOND, à part.

Ah !... (*Haut.*) Malheureusement cela ne suffit pas pour le perdre, il faut la preuve.

ISOUF.

Nous l'aurons. Oui, je suis sûr qu'il existe un fruit de leur intelligence.

RAYMOND.

Quelle probabilité...

ISOUF.

Environ quinze lunes après ce mariage, Zaïda demanda à son frère la permission d'aller en pélerinage à la Mecque, sous prétexte d'accomplir le vœu qu'elle avait fait pendant une maladie grave dont le Calife fut attaqué. Le motif était spécieux. La princesse partit; mais nous l'entourâmes d'espions adroits qui surveillèrent toutes ses démarches et nous en rendirent un compte exact. Nous sûmes qu'elle avait eu des conférences secrètes et fréquentes avec l'Iman du temple, et qu'elle avait disparu aux yeux de sa suite pendant un jour entier (*avec défiance et un sourire malin*) pour rester, dit-on, en prières.

RAYMOND.

Cette dernière circonstance a pu, j'en conviens, vous faire concevoir des soupçons; mais si rien ne les a confirmés depuis...

ISOUF.

Après le dernier combat que Giafar a livré aux Arabes, il a feint d'être retenu dans sa tente par une blessure, et s'est éloigné de son camp pendant cinq jours. Il a franchi, comme par miracle, l'énorme distance qui le séparaît de la Mecque, où il s'est rendu furtivement pour chercher...

RAYMOND.

Qui ?

ISOUF.

Son fils.

RAYMOND.

Son fils !

ISOUF.

Je ne puis encore le prouver ; mais quelque tems après cette excursion, on a remarqué à sa suite un jeune enfant dont les traits ont beaucoup de ressemblance avec ceux de Zaïda. Il passe dans l'armée pour un orphelin recueilli sur le champ de bataille ; mille témoins attestent le fait, mais cette ruse ne saurait m'en imposer. Giafar est à deux doigts de sa perte.

RAYMOND, à part.

Il me fait frémir! (*Haut.*) Oui, sans doute.

ISOUF.

Maintenant il faut dissimuler. Il faut que tu te rapproches de Barmécide, que tu paraisses te repentir de ton ingratitude. Il croira ton retour sincère, et tu seras bientôt initié dans ce mystère qu'il nous importe tant de connaître.

RAYMOND.

Ah ! que je vous remercie de vous être adressé à moi. Vous n'imaginez pas quelle reconnaissance...

ISOUF.

Je douterais de ta franchise, si ta fortune ne devait pas être le prix du traité. Tu sais d'ailleurs, d'après le caractère d'Almaïde et le mien, quelle serait la récompense d'une infidélité ou de la plus légère indiscrétion. Adieu. Je vais rendre compte à la favorite du succès de ma commission.

RAYMOND, voyant Giafar qui traverse le fond.

Oh ! je réussirai ou j'y perdrai la vie.

ISOUF.

Bien ! bien ! j'aime cette chaleur. Adieu.

RAYMOND.

Je salue le premier Visir de sa Hautesse.

ISOUF, prenant le compliment pour lui.

Pas encore ; mais cela ne tardera pas. Ah ! ah ! il est plaisant ce Français, il est tout à fait aimable. (*Avec un air de protection.*) Sois sûr que dans ma prospérité, je ne t'oublierai pas.

RAYMOND, avec intention.

J'y compte, et je ferai en sorte que vous vous souveniez toujours de moi. Au revoir.

ISOUF.

Adieu.

(*Il sort en se frottant les mains.*)

SCÈNE VI.

GIAFAR, RAYMOND.

RAYMOND.

An! traître, je déjouerai ces trames odieuses.
(Il appelle Giafar qui reparait.) Malheureux Giafar vous êtes entouré d'espions.
Almaïde a juré votre perte. Craignez tout de
sa haine. Opposons la prudence et l'adresse à
la perfidie de ses agens. Puissé-je, au prix de
mon sang, vous garantir des piéges qu'ils vous
tendent.

GIAFAR.

Ami rare et fidéle !... je t'en conjure, au
milieu de ses anxiétés, que je voie Zaïda un
instant, un seul instant.

RAYMOND.

Il serait plus sage de vous éloigner.

GIAFAR.

Je ne le puis. Mon amour nourri par l'absence, par les obstacles, est plus impétueux,
plus brûlant que jamais. Je payerais de ma vie
une heure d'entretien avec ma chère Zaida.

RAYMOND.

Une fois engagé dans ce doux entretien,
serez-vous assez maître de vous pour le rompre?
Je crains le retour d'Isouf, l'arrivée d'Haroun

GIAFAR.

Que m'importe ? ta résistance irrite encore mes désirs.

RAYMOND.

Rappelez - vous , Seigneur, que je suis chargé par l'un et l'autre de veiller sur tous deux ; et que je dois compte à chacun de vous de ce qu'il a de plus cher au monde.

GIAFAR.

Il est vrai. Eh bien ! j'y consens, je ne lui parlerai pas ; mais je veux la voir et lui remettre un selam. (1) que je vais composer pendant que tu lui feras entendre le signal accoutumé.

RAYMOND.

Vous le voulez ?... allons il le faut bien.

(Il va prendre son luth, et prélude sous la croisée de l'appartement de Zaïda, Pendant ce tems, Giafar parcourt le jardin pour cueillir des fleurs et des fruits dont il forme un selam.)

----

(1) On appelle *selam*, en Turquie et dans l'Orient, un petit paquet composé de fleurs, de fruits, de bois, de soies et autres objets qui tous ont une signification allégorique. Ce moyen ingénieux de correspondance est fort en usage parmi les amans, d'autant qu'il ne présente aucun danger, puisqu'en dérangeant la disposition de ces divers objets, ou en les divisant, ils n'offrent plus aucun sens.

SCÈNE VII.

ZAIDA, RAYMOND, GIAFAR.

ZAIDA, *paraissant sur le balcon.*
Cher Raymond, que viens-tu m'annoncer ?

RAYMOND.
Un message de votre époux. (*A Giafar.*)
Approche.

ZAIDA.
Quand donc me sera-t-il permis de le
voir ?

GIAFAR.
Bientôt.

ZAIDA.
Quelle voix !

GIAFAR.
C'est la sienne.

ZAIDA.
Giafar sous ce déguisement !

RAYMOND. (*)
Imprudens, silence !

GIAFAR, *montrant le selam à Zaïda.*
Ce fidèle interprète de mes pensées te dira
tout cequi se passe en mon âme, tout ce que

____

(*) Zaïda, Giafar, Raymond.

j'ai souffert pendant notre cruelle séparation,
et le moyen que j'ai trouvé pour nous réunir.
(En montant sur une balustrade qui se trouve au-
dessous de la croisée, il parvient à donner le selam
à Zaïda, qui se baisse pour le recevoir.)

ZAIDA, à demi-voix.

Notre fils...

GIAFAR.

Ce selam t'apprendra...

RAYMOND, qui observe dans le fond.

J'aperçois Haroun, séparez-vous. Dans ce
kiosque, Seigneur, jusqu'à ce que vous puissiez sortir sans danger.

GIAFAR, à Zaïda.

Nous nous reverrons bientôt.
(Il entre dans le kiosque.)

ISOUF, en dehors, dans l'appartement de Zaïda.

Princesse...

ZAIDA, avec effroi.

Isouf! oh! Ciel!
ISOUF, de même.

Le Calife, votre frère, vous invite à venir
le rejoindre au pavillon des fleurs.

ZAIDA se retourne pour répondre à Isouf, mais
elle agite en dehors du balcon le selam qu'elle
tient de la main gauche, pour le faire remarquer
à Raymond.

Dites à Sa Hautesse que son humble esclave
se fait un devoir d'obéir à ses ordres.

ISOUF, de même.

Elle m'a chargé de vous conduire moi-
même.

(Il s'avance sur le balcon et baisse le store. Zaïda,
avant de rentrer, a jeté le selam à Raymond, qui
se blottit sous le balcon, pour n'être pas vu
d'Isouf.)

SCÈNE VIII.

RAYMOND, qui a ramassé le selam.

CE vieux coquin connaît sans doute le
langage énigmatique de ces fleurs, et la
Princesse a craint qu'il ne découvrît son
secret. Cachons-les dans ce vase. (*Il met le
selam dans un vase qui est au-dessous du
balcon.*) Peut-être pendant la fête trouverai-
je un moment favorable... (*Il fait un mouvement pour entrer dans le kiosque.*) Le Calife
s'avance ; reprenons le caractère qui lui
plaît, et redoublons de gaîté, pour mieux
dissimuler notre embarras.

(Il chante en s'accompagnant sur le même air qu'à
la première scène.)

TROISIÈME COUPLET.

Ah ! si j'étais maître de ce séjour,
Du vrai bonheur prenant la route sûre,
Je bannirais Mahomet de ma cour,
Pour y fixer à jamais Épicure.

SCÈNE IX.

HAROUN, RAYMOND, GARDES DU CALIFE.

[Haroun est entré vers le milieu du couplet. Ses gardes ont fait un mouvement pour imposer silence à Raymond, mais le Calife leur ordonne de le laisser finir. Il paraît beaucoup s'amuser de l'esprit d'indépendance et de la gaîté de Raymond, qui danse d'une manière bouffonne sur la ritournelle, comme à la première scène.)

HAROUN.

Courage, Raymond ; tu me parais en bonnes dispositions.

RAYMOND.

Celle où je suis toujours quand j'ai le bonheur de voir Sa Hautesse.

HAROUN.

Sais-tu qu'il faut que je t'aime beaucoup, pour te permettre d'énoncer hautement dans ma cour des opinions aussi contraires à nos mœurs ?

RAYMOND.

Si je n'avais d'autre preuve de la bienveillance dont vous m'honorez , à coup sûr celle-là ne suffirait pas pour me convaincre.

HAROUN.

Que veux-tu dire ?

RAYMOND, feignant d'être fâché d'en avoir trop
dit.

Seigneur...

HAROUN.

Explique-toi.

RAYMOND.

Votre Hautesse se fâchera peut-être ?

HAROUN.

Que t'importe ?

RAYMOND.

Diable ! il m'importe beaucoup. Je crains
fort les cadeaux de ces messieurs.

(Il montre les muets qui entourent le Calife, et
indique en pantomime l'action d'un homme à qui
l'on apporte le cordon.)

HAROUN.

Aimes-tu mieux les miens ?

RAYMOND.

Il n'y a pas de comparaison.

HAROUN.

Parle. Je veux connaître les motifs que tu
me supposes pour tolérer ta hardiesse.

RAYMOND.

Vous le voulez absolument ?

HAROUN.

Absolument.

RAYMOND.

Eh bien ! il y en a deux.

HAROUN.

Le premier ?

RAYMOND.

C'est que, quelque puissant.... quelque despote que soit le Commandeur des Croyans, la pensée est encore plus forte que lui. Qu'étant indépendante de la volonté, on ne peut la soumettre à aucun ni la restreindre dans les limites qu'il plairait au pouvoir de lui assigner, et qu'alors il est plus sage de lui laisser un libre cours....

HAROUN.

Et le second ?

RAYMOND.

C'est que le grand, le sublime Calife Haroun-al-Raschid, qui aime tout ce qui est extraordinaire, n'est pas fâché d'entendre quelquefois la vérité, ne fût-ce que pour la rareté du fait.

HAROUN, tirant de son doigt un riche anneau et le lui présentant.

Tiens.

RAYMOND.

Ah ! mon Dieu ! que deviendraient les courtisans, si tous les souverains imitaient votre exemple ?

HAROUN.

Ils deviendraient sincères.

RAYMOND.

Tout le monde y gagnerait,

HAROUN.

Voici ma sœur.

SCÈNE X.

ISOUF, HAROUN, ZAÏDA, RAYMOND,
ESCLAVES ET GARDES dans le fond.

(Zaïda voilée vient se prosterner aux pieds du
Calife qui la relève.)

ZAÏDA.

JE supplie Sa Hautesse d'agréer les témoignages de mon respect.

HAROUN.

Zaïda, ton époux a terminé glorieusement
l'expédition dont je l'avais chargé. Vainqueur
des Arabes, il revient déposer à tes pieds les
dépouilles de nos ennemis. Son armée victorieuse, campée depuis hier à la vue de
Bagdad, doit entrer dans la ville deux heures
avant le coucher du soleil.

RAYMOND, à part.

Comment faire ?

ZAÏDA, bas à Raymond.

Quel embarras !

HAROUN.

D'ici nous la verrons traverser le Tygre, et
défiler sous les murs du sérail. J'ai voulu,
pour cette fois, te rendre témoin des honneurs

éclatans que ma reconnaissance prodigue à
un héros que nous aimons tous deux, et qui
m'a paru digne d'être associé à mon sang.

RAYMOND, à part.

Il faut, avant tout, que le héros sorte de sa
prison, et cela n'est pas facile.

ZAIDA.

Seigneur, si quelque considération pouvait
ajouter encore à la haute estime que je ressens pour Barmécide, certes je n'en con-
naîtrais pas de plus puissante que la gloire
dont ses derniers exploits viennent de couvrir
votre nom et vos armes. Mais je suis accou-
tumée dès long-tems à ne trouver que des
motifs d'admiration dans la conduite de
l'homme illustre que vous m'avez donné pour
époux.

HAROUN.

Sans doute, Raymond, la fête que je t'ai
demandée sera digne de son objet? L'inimitié
que tu montres pour Giafar aura cédé au
désir de me plaire, en célébrant les victoires
et le triomphe du premier de mes sujets?

RAYMOND.

Je puis affirmer à mon maître (*avec une
intention bien marquée*) que jamais mon
zèle n'aura éclaté davantage. Il en recevra
dans ce jour des preuves toutes particulières.

HAROUN.

Je n'en serai pas surpris.

ISOUF, à part.

J'entends, ceci me regarde. (*Il adresse un coup d'œil de satisfaction à Raymond.*) Marchons à notre but. (*Haut.*) Il est vrai que le premier visir a justifié doublement dans cette circonstance le choix de Sa Hautesse, non-seulement par sa valeur et ses succès, mais encore par l'audacieuse adresse avec laquelle il a rempli le secret message dont elle l'avait chargé pour l'iman du temple de la Mecque.

ZAIDA, à part, avec trouble.

Que dit-il ?

ISOUF, fixant Zaida.

Personne que lui dans l'armée n'aurait eu peut-être la noble témérité de franchir seul, à travers le désert, infesté par les Arabes, un espace de deux cents milles.

HAROUN.

Quel est ce message dont tu parles ? Je n'en ai pas connaissance.

RAYMOND, à part.

Le perfide !

ISOUF, feignant le plus vif repentir.

Commandeur des Croyans, pardonnez à mon indiscrétion ; je le vois trop tard, ce voyage était un mystère pour tout autre que vous et votre ministre.

HAROUN.

Je le répète, il s'est fait sans mon ordre.

ISOUF.

Dans ce cas encore, je n'en serai pas moins coupable d'avoir divulgué le secret d'un autre.

HAROUN.

Giafar ne peut, ne doit en avoir pour moi. Connaît-on le motif de ce voyage clandestin ?

ISOUF, feignant une fausse réserve.

Non, Seigneur. Mais je supplie Sa Hautesse d'oublier ce que je viens de dire, et qui n'est peut-être que le résultat d'un bruit mal fondé. (*A part.*) Zaïda ne se trahit pas, m'aurait-on abusé ?

RAYMOND, passant entre le Calife et Isouf.

Au lieu d'écouter les rêves de ce vieux radoteur...

ISOUF, avec humeur.

Comment ?...

(Raymond lui prend la main.)

HAROUN, à Isouf.

Ne vas-tu pas te fâcher ?.... Tu sais qu'il lui est permis de tout dire.

RAYMOND.

Eh ! oui, radoteur.... (*Bas.*) C'est pour cacher notre intelligence.

ISOUF, à part.

Il a raison. (*Bas à Raymond.*) C'est
bien ! c'est bien!

RAYMOND.

Sa Hautesse devrait plutôt parcourir les
jardins pour examiner les apprêts de ma fête.
(*A part.*) Si je pouvais l'éloigner! (*Haut.*)
Ce cher Giafar!... il sera si content!

HAROUN, indiquant que Raymond a le cerveau
fêlé.

Ah ! tu l'aimes donc maintenant ?

RAYMOND, s'oubliant.

Si je l'aime?... (*Avec réflexion.*) Moi ?
un peu... cela commence à revenir. Cependant je voudrais qu'il fût loin d'ici.

ZAIDA, à part.

Plût au Ciel !

ISOUF, à part.

Je veux la pousser à bout. (*Haut à Raymond.*) Il ne sera pas si content que tu le
penses.

RAYMOND.

Il est certain que s'il voit d'abord cette
mine refrognée, si bien faite pour servir
d'épouventail aux femmes de Sa Hautesse, il
n'aura pas lieu d'être bien satisfait.

HAROUN, riant.

Leurs querelles m'amusent.

ISOUF.

Il ne s'agit pas ici de moi, mais bien du visir Giafar. Ce qui vient de lui arriver doit troubler tant soit peu sa joie.

ZAIDA, s'oubliant.

Qu'est-ce donc ?

HAROUN.

Que lui est-il arrivé ?

RAYMOND.

Encore quelque vision. Venez, Seigneur.

ISOUF, observant Zaïda.

Vision ?... oui !... Un jeune enfant qu'il ramenait avec lui, et auquel il donnait tous les soins du père le plus tendre, a disparu depuis quelques jours sans que l'on sache ce qu'il est devenu.

ZAIDA, se trahissant.

Oh ! Ciel !

RAYMOND, bas à Zaïda.

Contenez-vous.

ISOUF, qui a remarqué le mouvement de Zaïda, dit bas.

Ah ! plus de doute !

(Dans ce moment Giafar tourne les lames de la jalousie derrière laquelle il est caché. Raymond placé à droite fait remarquer ce mouvement à Zaïda, qui y lit ces mots que le Visir a tracés : IL EST EN SURETÉ.)

HAROUN, à Isouf.

Quel était cet enfant?

ISOUF, bas au Calife.

Observez le trouble de la Princesse.

(Haroun regarde sa sœur, mais elle s'est remise promptement, et il ne remarque pas la moindre altération sur son visage.)

HAROUN.

Que me dis-tu donc?

ISOUF. méchamment et bas.

Vous allez voir. (*Haut.*) Oui, Princesse, on assure qu'il a péri.

ZAIDA, riant.

Ah! ah! ah! l'original! Je voudrais bien savoir quel intérêt cet événement supposé ou véritable peut inspirer à mon frère ou à moi.

ISOUF, déconcerté.

A vous?... mais un intérêt très-naturel, je pense.

ZAIDA.

Vraiment, Seigneur, nous nous amusons parfois de la folie de Raymond; mais celle de ce pauvre Isouf me paraît beaucoup plus plaisante.

ISOUF, à part.

Oh! la rusée!

RAYMOND, passant auprès d'Isouf.

Ainsi te voilà fou. Allons, touche là, camarade. (*Se retournant vers Haroun.*) Écoutez donc, Seigneur, il ne serait pas étonnant qu'il eût perdu la raison. Quand une seule femme fait quelquefois tourner la tête à l'homme le plus sage, comment voulez-vous que ce malheureux y résiste, lui que vous avez chargé d'en gouverner deux cents ? C'est impossible.

ISOUF, à part.

J'enrage !

HAROUN, à Zaïda.

J'aime assez sa réflexion.

ZAIDA.

Elle est digne d'un Français.

RAYMOND, à part.

Comment le faire partir ? (*Haut.*) Si Sa Hautesse veut ordonner à mon confrère le fou d'aller chercher son joli troupeau, je vais la conduire ainsi que la Princesse dans le bois d'orangers, où l'on prépare...

HAROUN.

Non. C'est d'ici que je veux voir la fête. Nous serons commodément placés dans ce kiosque

RAYMOND, à part.

Oh ! Ciel !

ZAIDA, à part.

Il me fait trembler !

ISOUF.

Sa Hautesse a raison ; d'ici l'on découvre le fleuve. Je vais tout disposer...

(Il s'avance vers le kiosque.)

RAYMOND, *arrêtant Isouf.*

Permettez, seigneur Isouf : ceci n'est pas de votre ressort ; chacun son emploi.

HAROUN.

C'est juste.

ZAIDA.

Et tu t'acquittes trop bien de celui qui t'est confié...

RAYMOND.

Je ne fais pas encore tout ce que je voudrais ; mais cela viendra peut-être. Avec de la persévérance, du courage et un peu d'adresse, on vient à bout de tout. N'est-il pas vrai, seigneur Isouf ?

(*Il reconduit Isouf à sa place en lui fesant des signes d'intelligence.*)

ISOUF, *bas à Raymond.*

Oui, oui.

RAYMOND, *à part, comme frappé d'une idée subite.*

Il est sauvé ! (*Haut au Calife.*) J'y songe ; Seigneur, ne vous semble-t-il pas convenable d'envoyer au-devant du Visir des personnes de votre maison, chargées de le recevoir à l'entrée du sérail, et de le complimenter ?

HAROUN.

C'est à toi d'ordonner tout ce qui tient au cérémonial.

RAYMOND.

Je sais ce que je dois au Commandeur des Croyans, et quand même ses idées ne seraient pas tout-à-fait d'accord avec mon plan, je consentirais volontiers...

HAROUN, souriant.

Je te suis obligé de cette déférence; mais tu es libre d'agir comme bon te semblera.

RAYMOND, aux muets qui sont dans le fond et vêtus comme Giafar.

Approchez, vous autres.

HAROUN.

Quoi! ce sont des muets que tu vas envoyer au-devant de Giafar pour le complimenter?

ISOUF.

Cela n'a pas le sens commun.... Il est fou!

ZAIDA, à part.

L'idée est tout-à-fait bouffonne. (*A Haroun.*) Laissez-le faire.

RAYMOND.

Oui. Mais c'est moi qui porterai la parole.

HAROUN.

A la bonne heure. Cette attention de ta part aura lieu de le surprendre.

RAYMOND.

Il en verra bien d'autres. (*Aux muets.*) Mettez-vous sur deux rangs. (*Il les fait pla-*

cer en bataille de manière à masquer le *kiosque.*) A la Française. Attention ; alignement ; serrez-vous bien près.... Encore... là... Garde à vous, en avant. (*Giafar ouvre la porte du kiosque et se place derrière le rang.*) Y êtes-vous ? bon, par le flanc gauche... marche. (*Il se met à la tête du peloton, qui passe devant le Calife et Zaida.*) Un quart de conversion... Gagnez la porte... Doublez le pas... Voilà ce que c'est.

(Par le mouvement qu'il a fait faire aux muets, Giafar se trouve en tête, et on le voit s'éloigner avec précipitation. Les muets sortent au pas redoublé.)

ZAIDA, avec l'expression de la reconnaissance.

C'est très-bien !

RAYMOND.

Du moins je ne puis faire mieux.

(Il sort en dansant.)

SCÈNE XI.

ISOUF, HAROUN, ZAIDA.

ZAIDA.

Ce Français est charmant.

HAROUN.

Je sais un gré infini à Barmécide de nous en avoir fait le sacrifice ; il nous a procuré bien des momens agréables.

14.

ISOUF, à part.

Il ne joue pas mal son rôle. (*Haut et affectant de l'humeur.*) Il est aisé de plaire, quand on peut tout se permettre impunément.

ZAIDA, bas à Haroun.

Isouf ne l'aime pas.

HAROUN.

C'est tout simple ; leur emploi est si différent ! L'un nous divertit ; tandis que le seul aspect de l'autre doit inspirer la contrainte et l'effroi.

ISOUF, à part.

Patience ! bientôt toutes les louanges seront pour moi seul. (*Il aperçoit le selam que Raymond a mis dans le vase.*) Que vois-je ? un selam ! (*Il le prend et l'examine en cachette.*) Quelle importante découverte !

HAROUN.

Oui, Zaïda, va chercher tes compagnes et te parer de mes dons les plus précieux. Le triomphe de mon favori, de l'époux de ma sœur, ne saurait être célébré d'une manière trop pompeuse. Je veux que cette solennité soit embellie par tout ce que le luxe de l'Orient peut étaler de magnificence et de richesses. Je veux enfin que la cour d'Haroun présente un aspect digne du héros qu'elle attend. Tu viendras me rejoindre en ce lieu.

ZAIDA.

J'obéis, Seigneur. (*A part.*) O mon cher Giafar, je vais donc te voir sans trembler pour tes jours.

HAROUN.

Isouf, accompagne la princesse.

ISOUF, bas.

Je supplie Sa Hautesse de m'accorder un moment d'entretien.

(Zaida retourne au sérail, suivie des Eunuques qui étaient restés au fond.)

SCÈNE XII.

ISOUF, HAROUN.

ISOUF.

PLUS vous répandez de bienfaits sur vos sujets quand ils s'en rendent dignes par leurs services, plus vous êtes en droit d'en attendre une aveugle soumission et une fidélité à toute épreuve.

HAROUN.

Du moins je devrais l'espérer. Mais le plus souvent mes faveurs n'ont produit que des ingrats.

ISOUF.

Hélas ! il n'est que trop vrai ; je viens d'en acquérir une triste preuve.

HAROUN.

Tu portes si loin la défiance et le soupçon !

ISOUF.

Plût au Ciel que je n'eusse que des soupçons !

HAROUN.

Serais-je trahi ?

ISOUF.

Par ce que vous avez de plus cher au
monde.

HAROUN.

Almaïde ?

ISOUF.

Elle en est incapable.

HAROUN.

Et qui donc ?... Serait-ce ma sœur ?...
Barmécide ?

ISOUF.

Tous deux.

HAROUN, dont la colère augmente par degrés.

Tous deux ?

ISOUF.

Oui. Giafar a violé son serment.

HAROUN.

Malheur à lui !... Sa mort sera le prix du
parjure.

ISOUF, à part, avec joie.

Ah !

HAROUN.

Mais malheur à toi, serviteur trop zélé, si
tu ne peux justifier cette accusation ! Songe

qu'il me faut des preuves irrécusables....
avant une heure, ou je fais tomber ta tête.
(*A part.*) Ah! puisse-t-il ne me les offrir
jamais!

ISOUF, lui présentant le selam.

Je n'attendrai pas si long-tems. En voilà
une.

HAROUN.

Quoi!... ces fleurs?

ISOUF.

C'est un selam. Voyez.

HAROUN, avec beaucoup d'émotion.

En effet, ce mélange de fleurs et de fruits,
la soie qui les attache... Où l'as-tu trouvé?

ISOUF.

Dans ce vase.

HAROUN.

Sous la croisée de Zaïda!.... Qui l'y a
placé?

ISOUF, avec malice.

Sans doute Giafar.

HAROUN.

Comment supposer que ce ministre, occupé dans son camp...

ISOUF.

En effet, cela paraît difficile. Alors, ce ne
peut-être que Raymond, ce Français auquel
vous avez accordé tant de confiance, et qui,

selon toutes les probabilités, vous trompe pour servir son ancien maître.

HAROUN.

Cruel! quand donc cesseras-tu de me placer dans l'affreuse alternative de ne voir jamais autour de moi que des ennemis ou des traîtres?... Ah! maudit soit le zèle fatal qui t'anime, puisqu'il ne sert qu'à troubler la paix de mon âme.

ISOUF.

J'en conviens, Seigneur; ce coup doit vous paraître terrible. Mais il était de mon devoir...

HAROUN.

Ton devoir serait aussi de m'indiquer ceux auxquels je dois des récompenses; mais tu n'es officieux que quand il faut punir.

ISOUF.

Je n'oublierai pas désormais que je dois mettre des bornes à ma vigilance et à ma fidélité.

HAROUN.

Loin de moi ce funeste témoin. (*Il jette le selam, Isouf le ramasse.*) Téméraire!

ISOUF.

Je supplie Sa Hautesse de se rappeler qu'elle a exigé, sous peine de mort, que je justifiasse, par des preuves, de l'avis que je lui ai donné. Or, elle n'ignore pas que le sens mystérieux des objets rassemblés ici dépend seul de leur arrangement. Il est donc de mon intérêt que le selam demeure intact.

RAROUN.

Qui me prouvera qu'il dépose contre Barmécide ?

ISOUF.

Son contenu. Veuillez le lire vous-même.

HAROUN.

Il veut absolument me forcer à punir.

(Il prend le selam.)

ISOUF, à part, avec joie.

J'ai réusssi !

HAROUN examine chacun des objets qui composent le selam, et l'explique à haute voix.

« Soleil de ma vie ! trésor incomparable » de lumière et de beauté, si la cruelle con- » trainte que l'on nous impose ne me permet » pas de laisser éclater à notre première » entrevue les feux dont mon âme est em- » brasée, et qui trahiraient notre intelligence, » apprends que l'absence n'a fait qu'augmenter » encore l'ardent amour que j'ai puisé dans » ta possession. » C'en est assez. Les perfides !... au mépris d'un serment solennel !... Tout s'explique maintenant ; ce voyage à la Mecque, celui de Zaïda, couvert du manteau de la religion ; cet enfant que Barmécide a ramené, dis-tu. (*Avec une fureur con- centrée.*) Isouf, ma vengeance sera terrible.

ISOUF.

Modérez-vous, Seigneur. Ah ! combien je me repens.

HAROUN.

Mais tu le conçois, il ne faut pas qu'il me reste l'ombre d'un doute.

ISOUF.

Malheureusement il sera facile de les dissiper tous en épiant les démarches de Giafar et de Zaïda.

HAROUN.

Je te charge de ce soin.

ISOUF.

Confiez à un autre cette tâche douloureuse.

HAROUN.

Elle t'appartient, puisque tu as provoqué l'ordre. Demain, avant le coucher du soleil, les coupables ou toi aurez cessé de vivre ; je le jure par Mahomet.

ISOUF, à part.

Je n'ai pas de tems à perdre. (*Haut*) Sa Hautesse sera obéie.

HAROUN.

Zaïda revient. J'ai peine à contenir mon ressentiment.

ISOUF.

Dissimulez, Seigneur.

HAROUN.

Tu as raison. Il faut qu'ils se croient dans une sécurité parfaite.

ISOUF, à part.

Ma fortune est assurée. J'emploierai Raymond jusqu'après le succès, puis je l'enverrai rejoindre Barmécide.

HAROUN.

Grand Prophète ! détourne d'Haroun le coup terrible qui le menace, ne permets pas qu'il soit frappé dans les objets les plus chers à son cœur.

ISOUF.

Esclaves ! enlevez ces persiennes.

SCÈNE XIII.

ISOUF, RAYMOND, HAROUN.

RAYMOND, accourant.

Que diable, seigneur Isouf, mêlez-vous donc de ce qui vous regarde. C'est à moi seul...

ISOUF, bas à Raymond.

J'ai tout dit au Calife. Si tu le veux, Giafar est perdu.

RAYMOND, bas à Isouf.

Si je le veux !... le Ciel sait...

Mélodrames, 3.   15

ISOUF, *de même.*

Il faut que l'un de nous deux périsse.

RAYMOND, *avec une double intention bien pro
noncée.*

Votre affaire est faite.

SCÈNE XIV.

ISOUF, RAYMOND, ZAIDA, HAROUN,
ODALISQUES.

ZAIDA, *richement parée, s'avance à la tête des
Odalisques, couvertes de leurs voiles.*

SEIGNEUR, entendez-vous le bruit des cym-
bales et des clairons ? l'air retentit de chants
harmonieux et de cris d'allégresse. De tous
côtés on accourt : on se précipite au-devant
du vainqueur des Arabes, de mon cher Giafar !... Commandeur des Croyans, pardonnez
aux transports de Zaïda, ils ne sauraient
avoir une cause plus légitime et plus belle.

HAROUN, *avec contrainte.*

Aussi, loin de les blâmer, je les approuve,
et vous engage à leur laisser un libre cours.
(*A part.*) Pourquoi faut-il qu'on ait em-
poisonné la joie d'un si beau jour ! (*A
Isouf.*) Je ne vois point Almaïde.

ISOUF.

Elle m'a chargé de témoigner à Sa Hautesse combien elle regrette de ne pouvoir

prendre part à la fête. (*A part.*) Assister au triomphe de son plus cruel ennemi !

RAYMOND.

Le cortége s'approche. (*Bas à Zaïda.*) On a les yeux sur vous... contenez votre joie. (*Haut.*) Je supplie le Commandeur des Croyans de prendre la place qui lui est destinée.

HAROUN.

Où est-elle ?

RAYMOND, *se tournant vers les esclaves.*

Ouvrez ces persiennes, pour que Sa Hautesse jouisse du coup d'œil.

(On ouvre les persiennes qui garnissent la grille du fond. Au signe de Raymond, les esclaves ôtent les parties du kiosque qui sont entre les colonnes, de manière à le mettre entièrement à jour, et à présenter une estrade surmontée d'un dôme élégant et entourée d'une riche balustrade, garnie de fleurs et de cassolettes où brûlent des parfums délicieux.)

ZAIDA.

C'est charmant !

HAROUN.

Où donc puises-tu ces nouvelles surprises ?

RAYMOND.

Dans le désir de vous plaire, et surtout dans votre approbation.

(Haroun se place sur l'estrade ; plus bas, à sa droite, est Zaïda : ils sont entourés des Odalisques. Isouf et Raymond sont à gauche du théâtre.)

SCÈNE XV.

LES PRÉCÉDENS, GIAFAR, SOLDATS, EUNUQUES, MUETS.

(Au son d'une musique bruyante et guerrière, on voit l'armée traverser le pont couvert dans une direction oblique. Elle disparaît un moment, puis elle défile derrière la grille du sérail. Giafar, environné des nombreux trophées de sa victoire, est porté sur un magnifique palanquin. Le peuple le précède et le suit en dansant et en lui jetant des fleurs. L'armée se place sur des gradins disposés en dehors de la grille, de manière à présenter trois rangs l'un au-dessus de l'autre. Raymond, suivi des Odalisques, va au-devant de Giafar, qui entre à pied, précédé seulement des Eunuques et des Muets. Haroun et Zaïda se lèvent et font quelques pas vers lui. Giafar vient mettre un genou en terre devant son maître.)

HAROUN.

L'hommage que tu me rends est dû à ma naissance; en voici un plus flatteur et justement mérité, que je rends à l'héroïsme.

(Il lui pose sur la tête une couronne d'or, façonnée en feuilles de laurier. Le peuple et l'armée applaudissent avec des transports inexprimables.)

ZAIDA, avec beaucoup d'émotion.

Barmécide, le magnifique Haroun vient de couronner en toi la valeur et les talens militaires, mais l'admiration et (*d'une voix timide*) l'amour veulent aussi présenter un juste tribut à celui dont les exploits donnent la paix à cet empire. Reçois cette couronne d'olivier, formée par les mains de Zaïda.

GIAFAR, recevant la couronne, et se précipitant sur la main de Zaïda, qu'il baise avec transport. Ce mouvement déplaît visiblement au Calife.

Ah! que ce triomphe est doux!... Comment ne pas aimer la gloire, lorsqu'une aussi flatteuse récompense doit en être le prix?

(Haroun, avec une impatience marquée, sépare Giafar et Zaïda qu'il fait placer à côté de son trône.)

RAYMOND, à part.

Quelle affreuse contrainte pour deux tendres époux, après une aussi longue séparation!

HAROUN.

Raymond, c'est à toi maintenant. (*Au signal de Raymond, on exécute une fête des plus brillantes, dans laquelle se trouve réuni tout ce que le goût et la volupté ont de plus séduisant et de plus enchanteur. Isouf, accroupi entre les deux époux, surveillés d'ailleurs par Haroun, les empêche de s'adresser un mot.*) Giafar, après de pénibles travaux, quelques instans de tranquillité doivent t'être nécessaires. Retourne à ton palais; je te permets d'y demeurer pendant trois jours, et te dispense jusque-là de tout service, et même des devoirs que tu remplis près de moi.

GIAFAR.

O mon maître! cette attention touchante...

HAROUN, à Isouf.

Je prendrai demain le plaisir de la chasse; que tout soit prêt au point du jour.

GIAFAR, à part.

Qu'il sert bien mes projets !

HAROUN, bas à Isouf.

Ils se croiront libres, et je les surprendrai facilement.

ISOUF, bas à Haroun.

Le piége est adroit.

GIAFAR, bas à Zaïda, dont il s'est approché furtivement.

Demain tu verras ton fils au pavillon de la forêt.

(Il s'éloigne.)

ZAIDA, à part.

Bonheur inespéré !

HAROUN.

Séparons-nous. (*Giafar veut prendre congé de la princesse.*) Rentrez, Zaïda. (*Zaïda passe du côté du sérail avec toutes les femmes. Giafar ne peut que la saluer de loin.*) Barmécide, nous nous reverrons bientôt... (*Avec beaucoup d'émotion.*) J'espère

et je désire te trouver toujours digne de la
faveur de ton maître.

(Giafar se prosterne et va rejoindre l'armée qui s'est
mise en marche, et qui le reconduit en triomphe.)

(Tableau brillant et animé. La toile tombe.)

FIN DU PREMIER ACTE.

ACTE SECOND.

Le théâtre représente un joli pavillon circulaire ou octogone, dans une forêt agréable. On voit les arbres de chaque côté du pavillon, ainsi qu'à travers les portes et les croisées. Ces dernières sont garnies de stores en treillis peints. Cette construction doit être élégante, et surtout très-légère. Elle occupe toute la largeur du théâtre.

—

SCÈNE I.

NAIR.

(Une dalle de marbre se lève dans le milieu du théâtre. On voit sortir par cette ouverture un jeune enfant qui parcourt le pavillon, en examinant avec curiosité tout ce qu'il renferme. Il s'arrête devant plusieurs touffes de rosiers, de jasmin et autres arbustes, et y cueille des fleurs qu'il jette successivement pour en choisir d'autres qui lui semblent plus jolies ou plus odorantes. Il va de tems en tems au bord de la trappe, et indique par sa pantomime que son gardien est endormi, et qu'il a profité de son sommeil pour s'échapper.)

SCÈNE II.

AGIB, NAIR.

(Un vieil Arabe paraît à l'entrée du souterrain et suit les mouvemens de Naïr, dont l'absence l'avait inquiété. Il jouit de la joie que l'enfant manifeste en se voyant libre. Celui-ci, après avoir parcouru le pavillon, témoigne bientôt l'envie d'en sortir pour visiter les environs. Mais Agib le rattrape sur le seuil de la porte, le gronde de s'être éloigné, et veut le ramener. Naïr rit de ses remontrances, de ses craintes, et annonce qu'il veut absolument se promener. Enfin, l'Arabe, ne pouvant le déterminer à obéir, l'enlève et l'emporte dans le souterrain, malgré la vive résistance qu'il lui oppose.)

SCÈNE III.

GIAFAR, AGIB, NAIR.

GIAFAR.

Naïr !

NAIR, se débattant dès qu'il voit Giafar.

Laisse-moi, laisse-moi. Voici Giafar.

(Agib se retourne et reconnait Barmécide. L'enfant s'échappe, et court embrasser son père. L'Arabe se plaint de sa désobéissance, et raconte à Giafar sa petite escapade, tandis que Naïr se moque de lui et le nargue finement.)

GIAFAR, à Naïr. (*)

Agib est fâché. Tu es donc méchant ?

NAIR.

C'est lui qui est méchant. Il ne veut pas que je me promène.

GIAFAR.

Il a raison ; je le lui ai défendu.

NAIR.

Pourquoi le lui as-tu défendu ? tu es donc méchant aussi, toi ?

GIAFAR.

Non, c'est parce que je t'aime.

NAIR.

Si tu m'aimes pourquoi veux-tu me contrarier ? Je m'ennuie là-dedans ; je veux me promener.

GIAFAR.

Cela ne se peut pas, mon fils. En allant dans la forêt, tu pourrais rencontrer des soldats qui te tueraient.

NAIR, avec une vivacité naïve.

Je ne veux plus que tu y ailles ; reste avec nous.

(Giafar, enchanté de cette réponse , embrasse tendrement son fils. Agib, qui veillait dans le fond, accourt et indique qu'il a entendu le bruit d'une personne qui s'approche. Giafar lui remet l'enfant et lui ordonne de rentrer pendant qu'il va à la découverte. L'Arabe descend avec Naïr dans le souterrain et abaisse la dalle.)

____

(*) Naïr, Giafar, Agib.

SCÈNE IV.

GIAFAR, RAYMOND.

RAYMOND.

Où est votre fils ?

GIAFAR.

Dans sa retraite.

RAYMOND.

Elle est impénétrable ?

GIAFAR.

A tous les yeux.

RAYMOND.

Puissiez-vous dire vrai !

GIAFAR.

D'où naît ce trouble ? Viens-tu m'annoncer
quelque malheur ?

RAYMOND.

Non. Mais je crains tout des ruses de votre
ennemie. Je ne sais quel secret pressentiment
me dit que le départ d'Haroun n'est qu'une
feinte pour mieux connaître vos démarches.
Redoublez de prudence, Seigneur, où vous
êtes perdu. N'oubliez pas que la haine d'une
femme ne sommeille jamais.

GIAFAR.

Qui peut t'alarmer de la sorte ?

RAYMOND.

Isouf, vous le savez, devait accompagner le Calife à la chasse.

GIAFAR.

Eh bien ?

RAYMOND.

Il est resté à Bagdad. En venant ici, je l'ai aperçu qui sortait furtivement du vieux sérail, par la petite porte. Il se dirigeait de ce côté. J'ai feint de ne pas le voir, mais aussitôt qu'il m'a reconnu, il s'est caché dans un champ de maïs. J'ai poursuivi mon chemin jusqu'à l'entrée de la forêt. Là, je me suis arrêté pour observer à mon tour l'ennemi, qui a doublé sa marche afin de me rejoindre. Tremblant qu'il ne vous surprît, je me suis élancé à travers les sentiers les moins fréquentés et je me félicite d'être arrivé à tems pour vous prévenir des nouveaux périls qui vous environnent.

GIAFAR, conduisant Raymond à l'entrée du pavillon.

Demeure et observe. (*Il revient frapper deux coups sur la dalle avec son poignard.*) Ouvrez, c'est Giafar.

(Le vieil Arabe paraît; Giafar lui parle bas et lui recommande de n'ouvrir désormais que quand il entendra à la fois chanter et jouer du luth, puis il referme le souterrain.)

RAYMOND.

Quoi! c'est ici même que votre fils ?...

GIAFAR.

Pardonne, cher Raymond; ce secret, connu seulement de Zaïda, devait en être un pour tout le monde, même pour toi; mais le danger qui menace ce cher enfant me fait une loi de ne plus rien te cacher. Je te demande, au nom de sa mère, de le protéger, de le défendre. Je te confie le fruit de l'union la plus tendre et la plus malheureuse. Ce n'est pas pour moi que je t'implore; tu le sais, je ne m'appartiens plus; ma vie se partage entre mon fils et mon épouse; conserve donc une partie de moi-même pour le bonheur de l'autre.

RAYMOND.

O mon maître! que n'ai-je le pouvoir ou la force d'anéantir vos ennemis! vous n'auriez bientôt plus de vœux à faire. Mais êtes-vous bien assuré du moins que cette retraite?...

GIAFAR.

Je conçois ton inquiétude, et je vais la dissiper. Tu n'ignores pas qu'il existe encore dans ce pays quelques descendans des Chaldéens. Ces adorateurs du feu ont scrupuleusement conservé la religion de Zoroastre; mais n'osant se livrer publiquement à ce culte, à cause des persécutions que leur font éprouver les Mahométans, ils habitent les vastes souterrains que couvrent les ruines de Babylone. Surpris, il y a trois ans, par un violent orage, je vins chercher un abri dans ces bois. Tout à coup, au milieu des débris d'un temple, j'aperçois un vieillard à genoux; sa tête et ses mains élevées vers le ciel, son extase à la vue des éclairs et de la foudre qui sillonnaient la nue et semblaient embraser la forêt, m'annoncent qu'il se croit en présence de son Dieu. Je m'avance; mais il s'enfuit à mon aspect. Plus agile que lui, je l'atteins à l'entrée de sa demeure; il se jette à mes pieds en me demandant la vie. Je le rassure, et dissipe bientôt l'effroi que mon habit lui avait inspiré. En parcourant sa retraite, qui me semble vaste et commode, je remarque cette issue secrète, et je conçois à la fois le désir et la possibilité d'y soustraire mon fils à tous les regards, pour le montrer seulement à ceux de sa mère. Prévenue de mon dessein, Zaïda paraît remarquer ce site; elle dirige souvent sa promenade vers ce lieu, et semble jouir avec délices de la vue qu'on y découvre et de l'air qu'on y respire. Alors je suggère au Calife l'idée d'une surprise agréable à sa sœur. Je lui conseille de faire construire secrètement à cette place un joli pavillon où la Princesse pourra se reposer et se livrer aux arts qu'elle cultive. Mon projet lui plaît; il me charge de l'exécuter, et grâce à cette heureuse inspiration, je vois s'élever par l'ordre même de notre tyran, du farouche ennemi de mon fils, l'asile inviolable où la tendre Zaïda peut se livrer sans crainte aux doux épanchemens de l'amour maternel.

RAYMOND.

Combien le cœur d'un père est ingénieux !

GIAFAR.

Le vieillard, qui m'est dévoué par un double intérêt, a disposé pendant mon absence une partie du pavé, de manière que de l'intérieur on la soulève sans le moindre effort. C'est ici que Zaïda va se rendre ; mais d'après les craintes que tu m'as fait concevoir...

SCÈNE V.

ISOUF, RAYMOND, GIAFAR.

ISOUF, paraissant dans le fond sans être vu.

Écoutons.
(Il se cache derrière un store, près de l'entrée.)

GIAFAR.

Je viens de défendre à mon fils...

ISOUF, à part.

Son fils !

GIAFAR.

Et à son gardien d'obéir à aucun signal.

RAYMOND.

C'est agir prudemment.

GIAFAR.

Ils ne paraîtront que lorsqu'ils auront entendu les sons d'un luth mariés aux accens de la voix. Ainsi, ce sera la Princesse ou toi qui donnerez le signal.

RAYMOND.

Par ce moyen, ils sont à l'abri de toute surprise.

ISOUF, à part.

Allons chercher le Calife.

(Il s'éloigne en témoignant combien il est satisfait de ce qu'il vient d'entendre, et du parti qu'il compte en tirer pour la perte de Giafar.)

SCÈNE VI.

RAYMOND, GIAFAR.

GIAFAR.

Je vais donc revoir ma chère Zaïda sans contrainte, sans témoins!

RAYMOND.

Pour déjouer plus sûrement la perfide surveillance d'Isouf, je crois que vous feriez sagement de retourner à votre palais pour y prendre ce déguisement qui vous a été si utile hier au soir. Vous attendrez auprès du sérail la sortie de Zaïda, et vous mêlant à sa suite, il vous sera facile de vous faire remarquer de la Princesse.

GIAFAR.

J'approuve cet avis.

RAYMOND.

Hâtez-vous; mais prenez un chemin dé-
tourné, pour ne pas rencontrer ce méchant
Eunuque. Votre présence en ces lieux, lorsque
le Calife ne vous a dispensé de le suivre que
pour vous accorder du repos, ferait naître
des soupçons que vous devez écarter avec un
soin extrême.

GIAFAR.

Quant à toi, dont les démarches sont moins
observées, tu te tiendras à quelque distance
du pavillon, pour nous aider de tes conseils
ou de ton adresse, s'il est nécessaire.

RAYMOND.

Je veillerai sur vous; mais ne perdez pas
un moment.

GIAFAR.

Ami fidèle ! quelle sera ta récompense ?

RAYMOND.

L'aspect de votre bonheur, et la certitude
d'y avoir contribué.

(Giafar sort par la gauche.)

SCÈNE VII.

RAYMOND.

Maudit soit le despote cruel dont le caprice
inhumain, en bouleversant les lois éternelles

16.

de la raison et de la nature, ravit à cet infortuné tout le charme attaché aux titres sacrés d'époux et de père, et le livre, au sein de l'union la plus légitime, à toutes les craintes et pour ainsi dire aux remords qui suivent et accompagnent le crime et la séduction. Je crains tout de l'inflexibilité d'Haroun, s'il apprenait qu'on a osé enfreindre ses ordres. Qui peut prévoir où s'arrêterait sa vengeance... Tenons-nous sur nos gardes, redoublons de ruse et d'activité ; n'oublions pas que les méchans ne sont pas découragés par les revers ; ils trouvent sans cesse dans l'envie de nuire le courage et la fermeté nécessaires pour former de nouveaux projets. Il est donc juste que ceux qui sont forcés d'obéir soient plus ingénieux que celui qui commande.

(Il sort du pavillon, et se trouve nez à nez avec Isouf.)

SCÈNE VIII.

ISOUF, RAYMOND.

ISOUF.

HALTE là !

RAYMOND, à part.

Le coquin m'a surpris.

ISOUF, avec finesse.

Où vas-tu donc si vite ?

RAYMOND, à part.

Donnons-lui le change. (*Haut.*) J'allais vous trouver, Seigneur.

ISOUF, à part.

Je n'en crois rien. (*Haut.*) Tu n'ignorais pas cependant que nous sommes partis ce matin pour la chasse.

RAYMOND, finement et avec gaîté.

Bah !

ISOUF.

Comment, bah !

RAYMOND, de même.

Laissez donc !

ISOUF, prêt à se fâcher.

Eh bien ?

RAYMOND.

Ce matin !... vous ?... ah ! ah !

(Il rit aux éclats.)

ISOUF.

Finiras-tu ?

RAYMOND.

C'est-à-dire que vous avez feint de partir, pour laisser à Giafar et à la Princesse une entière liberté, à la faveur de laquelle nous pourrons découvrir plus sûrement leur intelligence. N'est-ce pas cela ?

ISOUF, riant.

C'est vrai.

RAYMOND.

Si la nature vous a doué d'une rare sagacité, croyez donc, seigneur Isouf, qu'elle n'a pas été moins libérale à mon égard. Sans cela, nous entendrions-nous aussi bien ?

ISOUF.

Tu as raison. (*A part.*) Je crois qu'il me trompe.

RAYMOND, à part.

Sachons s'il est instruit. (*Haut.*) Et cependant quel progrès avez-vous fait ? qu'avez-vous appris ?

ISOUF.

Mais... peu de chose.

RAYMOND.

Oui ; comme à l'ordinaire.... des conjectures ?

ISOUF, s'oubliant.

Mieux que cela.

RAYMOND, à part.

Il nous a vus. Livrons la moitié de notre secret, pour mieux assurer l'autre. (*Haut avec mystère.*) Et moi, je sais tout.

ISOUF.

Ah! cher Raymond, que d'obligations ! hâte-toi de m'apprendre...

RAYMOND.

Ce n'est pas sans dessein que l'on a construit ce pavillon.

ISOUF, *avec une apparente bonhomie.*

Certainement. Ce site romantique, la vue pittoresque de cette vaste plaine qui s'étend depuis le Tygre jusqu'à l'Euphrate, ces superbes débris de l'orgueilleuse Babylone...

RAYMOND.

Vous n'y êtes pas. Il ne s'agit ni de l'Euphrate, ni de l'orgueilleuse Babylone.

ISOUF.

Et de quoi donc ? Je ne devine pas...

RAYMOND.

Vous ne savez pas non plus dans quelle intention la Princesse vient se promener ici tous les jours ?

ISOUF.

Pour s'occuper de musique, de lecture, de poésie et autres futilités auxquelles elle attache, ainsi que son frère, une importance vraiment ridicule.

RAYMOND.

Vous n'y êtes pas.

ISOUF.

Comment ?

RAYMOND.

J'en conviens ; c'est là le prétexte.

ISOUF.

Le prétexte ?

RAYMOND.

Elle n'y vient que pour voir en secret son époux.

ISOUF.

Il est absent depuis près d'un an.

RAYMOND.

Il eût été maladroit d'en perdre l'habitude.

ISOUF.

Zaïda ne sort jamais qu'accompagnée d'une suite nombreuse.

RAYMOND.

Fort bien ! pour venir du sérail et traverser la forêt. Mais une fois arrivée...

ISOUF, feignant une grande surprise.

Tu m'ouvres les yeux. En effet, ce désir affecté d'être toujours seule ; cet ordre aux gens de sa suite de se tenir à cent pas du kiosque.

RAYMOND.

Pour n'être pas interrompue.

ISOUF, avec beaucoup de finesse.

Mais comment Barmécide peut-il pénétrer jusqu'ici sans être reconnu ? Cette garde qui entoure le pavillon est un obstacle...

RAYMOND.

Voilà...

ISOUF, à part.

Voyons s'il est sincère.

RAYMOND, à part.

Ce que tu ne sauras pas. (*Haut.*) Ce que je devinerai avant peu.

ISOUF.

Avant peu! songe que ce soir Haroun me fera trancher la tête.

RAYMOND.

C'est à merveille.

ISOUF.

Comment..

RAYMOND.

Ne craignez rien. (*Confidemment.*) J'ai surpris Giafar.

ISOUF.

Tu l'as surpris ?

RAYMOND.

Il était ici lorsque je suis arrivé.

ISOUF.

En vérité? Mais toi, quel a été ton but en y venant ?

RAYMOND.

De m'instruire de tout ce que j'ignorais; et, grâce au Ciel, je n'ai plus rien à apprendre.

ISOUF, à part.

Ni moi non plus.

RAYMOND.

Je l'avoue, seigneur Isouf, vous avez fait

ma conquête. Avant notre conversation d'hier, je vous aimais peu ; mais vos manières engageantes, votre ton persuasif m'on séduit.

ISOUF.

Fripon, et plus que tout cela les vingt mille sequins.

RAYMOND.

Écoutez donc ; c'est bien naturel. Enfin, je me sens pour vous une affection si extraordinaire, que je voudrais connaître vos plus secrètes pensées, ne pas vous quitter un moment, vous suivre partout, vous voir... (*à part*) à tous les diables.

ISOUF.

Je te remercie.

RAYMOND.

Vraiment, vous n'imaginez pas tout ce que je ressens pour vous. C'était dans la vue de vous servir que je m'étais rendu ici, et mon attente n'a pas été trompée. Ainsi que vous me l'aviez conseillé, j'ai montré au Visir beaucoup d'intérêt, j'ai paru honteux de mon ingratitude ; il a été touché de mon repentir qu'il croit sincère, et je ne doute pas qu'il ne m'admette très-incessamment dans sa confidence intime. Déjà il a confirmé mes soupçons, en me disant qu'il a donné un rendez-vous à Zaïda, et qu'elle doit venir en ces lieux à l'issue de la prière. (*A part.*) Je saurai bien l'en empêcher.

ISOUF.

Où est Giafar maintenant?

RAYMOND.

Il est allé au-devant d'elle.

ISOUF.

Est-ce là tout ce que tu sais?

RAYMOND.

Il y a bien encore quelque chose..... une surprise que je vous ménage.

ISOUF.

Dis tout de suite.

RAYMOND.

Non. Plus tard, quand je serai plus au fait; je crois vous en avoir dit beaucoup.... (*A part.*) Trop. (*Haut*) Maintenant vous voilà fort instruit.

ISOUF, à part.

Plus que tu ne penses. (*Haut, tendant la main à Raymond.*) C'est bien. Continuons de même.

RAYMOND.

Je ne demande pas mieux. (*A part.*) La bonne dupe!

ISOUF, à part.

Il croit m'avoir trompé... Haroun ne vient pas.

RAYMOND.

Je retourne au sérail. Vous, attendez à

quelque distance de ce pavillon que les époux s'y rendent. (*A part.*) Tu attendras long-tems.

ISOUF, à part.

Compte là-dessus.

RAYMOND, à part.

Courons les prévenir. (*Haut.*) Adieu.

ISOUF, le retenant.

Un moment. Puisque tu as une si forte affection pour moi, pourquoi me quitter si vite? Demeure.

RAYMOND, à part.

J'ai affaire à forte partie.

ISOUF.

Justement le Calife s'avance.

RAYMOND.

Le Calife? ah! tant mieux. (*A part.*) Surcroît d'embarras! (*Haut.*) Mais non, sa présence va tout déranger. Il faut l'éloigner, sans cela le rendez-vous n'aura pas lieu.

ISOUF.

Sois tranquille. (*A part.*) Tu seras bien adroit, si tu pares le coup que je vais te porter.

SCÈNE IX.

RAYMOND, HAROUN, ISOUF,
EUNUQUES, SOLDATS.

(Raymond va en sautant se prosterner devant le
Calife.)

HAROUN.

Te voilà, Raymond ?

RAYMOND.

Toujours prêt à obéir aux ordres de Sa
Hautesse.

(Isouf s'approche du Calife et lui parle bas; la figure
d'Haroun exprime soudain l'indignation et la colère.)

RAYMOND, à part.

Quel secret si pressant ?

HAROUN, se contenant à peine.

Est-il possible ?

ISOUF, à demi-voix.

Ordonnez-lui de chanter, et vous en aurez
la preuve.

RAYMOND, à part.

Son front s'obscurcit, gare la tempête.
(*Haut.*) Commandeur des croyans, daigne-
rez-vous excuser la témérité de votre fidèle
sujet, s'il ose vous témoigner sa surprise
d'un retour si prompt, surtout lorsqu'il croit
remarquer sur vos traits une altération...

HAROUN.

Il est vrai; j'éprouve une secrète inquiétude... Je suis dans une anxiété... Tu ne
pouvais te présenter plus à propos. Je vais me
reposer quelques instans dans ce pavillon;
peut-être parviendras-tu à me distraire.

(On apporte des carreaux, Haroun s'assied.)

RAYMOND.

Ordonnez, Seigneur. Sa Hautesse veut-
elle que je la réjouisse par une danse bouffonne, ou que je lui récite un de ces contes
auxquels elle prend un si grand plaisir ?

HAROUN.

Non, je préfère que tu chantes.

RAYMOND, à part.

Isouf sait tout, payons d'audace. (*Haut.*)
Je suis désespéré de ne pouvoir satisfaire Sa
Hautesse. Par quelle fatalité faut-il qu'elle
me demande la seule chose que je ne puis
faire ?

HAROUN, s'enflammant par degrés.

Qui t'en empêche ?

RAYMOND.

Un obstacle insurmontable et malheureusement trop commun parmi les chanteurs.

(Il tousse.)

HAROUN.

Misérable!

RAYMOND, très-gaîment.

Je conviens qu'il est dur pour un souverain, qui fait mouvoir à son gré des milliers d'hommes, et dont la puissance s'étend sur une immense partie du globe, d'éprouver dans l'exécution de ses désirs une opposition produite par une cause aussi légère. Mais emporté par mon zèle pendant la fête que j'ai dirigée hier, la fraîcheur de la nuit...

HAROUN.

Tout autre que toi aurait déjà payé de sa tête sa téméraire audace.

RAYMOND.

J'oserai représenter à Sa Hautesse que ce ne serait pas le moyen de me rendre la voix.

HAROUN, portant la main à son poignard.

Sans le respect que notre religion prescrit pour tout insensé. (*Avec sévérité.*) Chante, je le veux.

RAYMOND, à part.

Je le puis sans danger, pourvu qu'ils n'entendent point d'accompagnement. (*Haut.*) Puisque Votre Majesté l'ordonne, je vais lui obéir; mais je puis l'assurer qu'elle ne sera pas contente de moi.

(Il fredonne en affectant de tousser.)

ISOUF, bas à Haroun.

Ordonnez-lui de s'accompagner avec son luth.

HAROUN.

Où est ton luth ?

RAYMOND.

Au palais, Seigneur ; je cours le chercher.
(*A part.*) Je ne reviendrai pas.

ISOUF, l'arrêtant.

C'est inutile. Celui de la Princesse est ici.
(Il ouvre une armoire pratiquée dans la base d'une
colonne, et en tire un luth.)

RAYMOND, à part.

Nous sommes tous perdus.

ISOUF, présentant le luth à Raymond.

Le voilà.

RAYMOND.

Dans quel état !.... l'humidité a fait briser
les cordes.

HAROUN, se retournant vers ses gardes, et d'une
voix menaçante.

C'en est trop, qu'on lui...
(Tous les esclaves lèvent leur cimeterre.)

RAYMOND.

Non, non.... ce n'est pas la peine ; je vais
chanter. Votre Hautesse a des manières si engageantes, qu'on ne peut rien lui refuser. Mais
encore faut-il que j'aie le temps de choisir
une chanson qui lui plaise.

HAROUN.

Que m'importe, pourvu que tu m'obéisses.

RAYMOND, à part.

J'en vais composer une. (*Bas à Isouf.*)
Seigneur Isouf, voici la surprise que je vous
ménageais. Ce n'est pas vous que je voudrais
tromper. Le fils de Giafar est caché tout près
de ce pavillon ; ordonnez aux soldats de veiller à tout ce qui se passera en dehors pendant
que je chanterai ; car c'est le signal auquel il
doit paraître.

ISOUF.

On a bien de la peine à t'arracher ce secret.

(Il place les Eunuques en attitude menaçante à chacune des ouvertures et autour du pavillon ; tous
ont le cimeterre levé et tournent le dos à Raymond.
Isouf revient près du Calife, à qui il parle bas,
puis il remonte la scène pour observer en dehors.
Haroun est assis à droite, au premier plan.)

RAYMOND, debout à gauche en face du Calife,
chante le couplet suivant en s'accompagnant
avec son luth.

PREMIER COUPLET.

Chargés de parfums et d'encens,

Trésors de l'heureuse Arabie,

Cent chameaux suivaient à pas lents

La route qui mène en Syrie.

(Le vieil Arabe soulève doucement la dalle. On voit déjà
passer la tête de Naïr. Raymond remonte la scène sans affectation, mais en témoignant l'effroi le plus marqué
quand Haroun ne le fixe pas.)

Tout à coup des Bédouins errans,

Fondent sur eux avec furie,

(Il s'élance sur la dalle, et la referme en chantant avec
beaucoup d'énergie les deux vers suivans.)

Demeurez là, ne bougez pas,

Sinon vous courez au trépas,

(Isouf et les Eunuques font un demi-tour à droite, et par un
mouvement très-vif, descendent vers Raymond en le menaçant de leur cimeterre. Haroun se lève.)

(*Avec beaucoup de sang-froid.*) Qu'est-
ce? Qu'avez-vous donc? Ah! ah! (*Il rit à
gorge déployée.*) Comment! vous n'entendez
pas que c'est le Cheik des Arabes qui, d'une
voix terrible, adresse ces paroles au conducteur de la caravane?

(Il continue de chanter en dansant; mais sans quitter
la dalle.)

Et, tra, la, la, tra, la, la, la,

Tra, la, la, tra, la, la, la.

Voilà le premier couplet. (*Bas à Isouf.*)
Retournez à votre poste, car ils pourraient
bien s'échapper.

ISOUF remonte à l'entrée du pavillon, mais il
redescend bien vite, et dit au Calife à demi-voix.

Je viens d'apercevoir le cortége de la Princesse.

RAYMOND, qui a entendu, affecte de chanter
très-fort.

SECOND COUPLET.

Éloignez-vous, dit aussitôt

Le conducteur...

HAROUN.

C'est assez.

RAYMOND.

Quel dommage ! voici le plus intéressant.

HAROUN.

Je ne voulais qu'une preuve de ta soumission.

RAYMOND.

Maintenant que la voix m'est revenue, je chanterais jusqu'à demain.

(Il chante.)

HAROUN.

Paix ! (*A Isouf.*) Fais retirer tout le monde. Sans doute Giafar ne tardera point à se rendre auprès de sa coupable épouse. Dès qu'ils seront réunis, tu feras investir le pavillon, afin qu'ils ne puissent m'échapper. (*A Raymond.*) Suis-moi.

RAYMOND, à part.

Infâme Isouf ! ta méchanceté l'emporte.

(Le Calife et sa suite sortent par la droite. Isouf ne s'éloigne qu'au moment où l'on entend la voix de Zaïda.)

SCÈNE X.

ZAIDA, GIAFAR déguisé en muet, comme
au premier acte.

ZAIDA, aux Eunuques et aux femmes qui la suivent.

TENEZ-VOUS à la même distance que de coutume, et ne laissez approcher qui que ce soit. (*A Giafar.*) Toi, demeure à l'entrée pour recevoir mes ordres. (*Les Eunuques se dispersent dans la forêt, Giafar les suit de l'œil; quand ils sont tous éloignés, il ôte son masque, revient vivement auprès de Zaïda, et tous deux volent dans les bras l'un de l'autre.*) O Barmécide !

GIAFAR.

Chère âme de ma vie ! je l'éprouve aujourd'hui ; non, le parfait bonheur n'est point une chimère.

ZAIDA.

Par combien de tourmens et d'inquiétudes n'avons - nous pas acheté ce fortuné moment ?

GIAFAR.

J'oublie tout en pressant dans mes bras une épouse adorée.

(Ils s'embrassent encore.)

ZAIDA.

O Giafar ! qu'elles sont longues et pénibles, les journées de l'absence !

GIAFAR.

Il est vrai. Mais du moins nous étions as-
surés d'une tendresse réciproque, et quelque
malheureux qu'il soit, un amour mutuel répand sur la vie entière un charme délicieux
qui en remplit tous les vides, et que rien ne
peut remplacer.

ZAIDA.

Plus heureux que Zaïda, tu possédais ton
fils : notre cher Naïr t'offrait à chaque instant
l'image de sa mère ; et moi, forcée de le livrer aussitôt après sa naissance à des mains
étrangères, je n'ai pu recueillir son premier
sourire, si douce récompense des soins ma-
ternels. Je n'ai pu jouir un seul jour, depuis
cinq ans, de ses innocentes caresses, ni lui
prodiguer les miennes. Oh ! fais-le-moi voir,
ce fils si cher, je t'en conjure, ne retarde plus
mon bonheur. (*Giafar va prendre le luth
de Zaïda, qu'Isouf a remis à sa place.*) Je
ne te demande pas si tu as pris toutes les précautions que la prudence exige ; ta tendresse
m'en est un sûr garant.

GIAFAR.

Tes esclaves nous mettent à l'abri de toute
surprise ; et plus loin, notre ami, le brave
Raymond, veille encore à notre sûreté. Le

Calife seul aurait le droit de pénétrer jusqu'ici ; mais il est à la chasse.

ZAIDA.

Dérobons-lui soigneusement notre secret. S'il pouvait soupçonner l'existence de notre fils, tu connais son inflexible rigueur, il exercerait sur nous une vengeance aussi barbare qu'insensée.

GIAFAR.

Que ton cœur se rassure.

ZAIDA.

Songe qu'il nous faut tromper la jalousie d'une femme que tu as dédaignée. Elle est bien malheureuse : je le conçois, Barmécide, un cœur qui te perd, après s'être flatté de te posséder, doit être implacable dans sa haine.

GIAFAR.

L'adresse de Raymond déjouera toutes leurs ruses. Tiens, prends ce luth, et donne toi-même le signal auquel ton fils doit paraître. (*Zaïda prend le luth et prélude. Giafar, qui pendant ce tems a parcouru les dehors du pavillon, revient frapper sur la dalle.*) Ouvrez, vous le pouvez sans crainte ; c'est Giafar.

SCÈNE XI.

ZAIDA, AGIB, GIAFAR, NAIR.

(La dalle se lève. Agib paraît le premier, voit Giafar, et fait sortir l'enfant qui court dans les bras de son père. L'Arabe referme le souterrain.)

NAIR paraît effrayé en voyant Zaïda.

QUELQU'UN est avec toi ?

GIAFAR.

Ne crains rien, mon fils, c'est cette bonne Zaïda dont je t'ai parlé si souvent.

NAIR.

Comme elle me regarde ! on dirait qu'elle me connaît.

GIAFAR.

C'est ta mère.

ZAIDA.

Viens.

NAIR, avançant avec timidité vers Zaïda, qui lui tend les bras.

Elle m'appelle !

GIAFAR.

Approche.

ZAIDA, s'élançant vers Naïr que lui présente Giafar, et qu'elle embrasse à plusieurs reprises.

Viens, cher enfant !

NAIR.

Tu m'aimes donc ?

Mélodrames. 3.   18

ZAIDA.

Si je t'aime ! il le demande à sa mère.

NAIR, la caressant.

Je t'aime bien aussi.

ZAIDA.

Cher Naïr, appelle-moi du doux nom de mère ; tu ne me l'as jamais donné.

NAIR.

Ma mère !
(Il se jette dans les bras de la Princesse, qui le couvre de baisers et le prend sur ses genoux.)

ZAIDA.

Encore !

NAIR.

Ma mère !

ZAIDA.

Que j'aime à l'entendre ! redis-le souvent, toujours... ne m'en donne jamais d'autre.

GIAFAR.

Si tu savais combien j'ai tremblé pour sa vie, et quels affreux dangers nous avons courus ; mais j'ai tout surmonté ; j'avais promis de te le rendre.

ZAIDA.

Combien de fois, en songeant aux difficultés de cette entreprise plus que téméraire, ne me suis-je pas repentie d'avoir arraché cette promesse à ton amour ?

GIAFAR.

Je n'avais pas rencontré le plus léger obs-

tacle en allant à la Mecque ; mais à peine
sorti de cette ville pour revenir à mon camp,
je tombai dans un parti de Bédouins. Seul et
chargé de ce précieux dépôt, la résistance
semblait devoir accélérer ma perte, quand
l'idée de ton désespoir en apprenant notre
fin déplorable, se présentant à mon esprit
avec toute son horreur, m'inspira un courage, une audace extraordinaires. Mon cimeterre d'une main et ton fils de l'autre, je
m'élançai au milieu de ces barbares. J'im-
molai sans pitié tout ce qui s'opposait à mon
passage. Leur chef lui-même, Aboulcasem,
tomba sous mes coups, et ne dut la vie qu'à
ma générosité. Mais bientôt mon bras fatigué
laissant tomber mon arme, je ne vis plus
autour de moi qu'une mort certaine. Soudain le Prophète, ou plutôt le désir de te
conserver notre fils, me suggéra l'idée de
jeter à mes ennemis une bourse ouverte et
remplie d'or. Ils se précipitent à l'envi sur
leur proie, et grâce à l'agilité de mon coursier, je m'échappe à travers le désert et me
vois en un instant à l'abri de leurs poursuites.

ZAÏDA.

Tout mon cœur a frémi !

GIAFAR.

Mais je ne m'étais soustrait à ce péril que
pour retomber dans un autre bien plus cruel.
L'ardeur de ma course m'avait emporté loin
de la route ; bientôt le vent du midi, soulevant

avec violence les flots brûlans de cette mer de sable, effaça jusqu'aux moindres traces que l'on y avait imprimées. Pendant deux jours et deux nuits j'errai dans cette immense solitude, sans trouver une source, sans rencontrer un abri contre le Ciel embrasé qui répandait sur nous des torrens de feu. J'avais perdu dans le combat les provisions que je destinais à mon fils, et je pressais les flancs de mon coursier dans l'espoir de découvrir un toit hospitalier, lorsque ce fidèle compagnon tomba lui-même exténué de faim et de fatigue.

ZAIDA, avec toute la sollicitude d'une mère.

Grand Dieu !

GIAFAR.

Je pris mon fils dans mes bras. En le serrant contre mon cœur, je cherchai à lui communiquer le peu de force qui me restait, et me traînai ainsi pendant toute la nuit. Enfin, au point du jour, je découvris mon camp. Mais il fallait, pour y arriver, franchir encore un espace de douze milles, et la nature épuisée ne put suffire à ce nouvel effort. Une soif dévorante avait desséché les sources de notre vie ; étendus sur le sable nous allions périr... quand j'aperçus à mes pieds le fruit d'un palmiste. Je le saisis avec transport, j'en exprime le suc, que je laisse tomber goutte à goutte sur les lèvres de mon cher Naïr... Il était mourant ; cette liqueur

bienfaissante le ranime... il ouvre les yeux...
me reconnaît... m'adresse un léger sourire...
il est sauvé ! Nous renaissons tous deux, je
l'emporte, et j'atteins heureusement le but de
ce périlleux voyage.

ZAÏDA, se jetant à genoux.

Dieu des croyans ! reçois mes actions de
grâces pour un si grand bienfait. En conservant mon époux et mon fils, tu m'as donné
plus que la vie.

HAROUN, en dehors.

Suivez-moi.

ZAÏDA, avec effroi.

Mon frère !

GIAFAR frappe du pied sur la dalle.

Agib, Agib !..

(Il revient vers Zaïda, et veut emmener son fils.)

ZAÏDA, hors d'elle.

Il est trop tard !... le voici ! sauve-toi, je
le veux.

(Giafar remet son masque et se tient à l'écart. Zaïda
cache son fils dans l'armoire où était son luth ;
puis elle revient vivement s'asseoir sur des carreaux à gauche. Elle tient à la main son instrument
comme si elle en jouait, mais la frayeur l'a tellement
troublée, qu'elle agite ses doigts sans toucher les
cordes.)

SCÈNE XII.

ZAIDA, NAIR caché, HAROUN, ISOUF, RAYMOND, GIAFAR, EUNUQUES.

(Quand le Calife est entré, Giafar se place à droite parmi les Eunuques, on ne le perd pas de vue.)

HAROUN , d'une voix terrible, après avoir considéré un moment la pantomime de sa sœur.)

ZAIDA, d'où naît ce trouble ?

ZAIDA , éperdue, à part.

Je ne vois plus que la mort. Juste Ciel ! épargne mon fils.

GIAFAR, à part.

O situation déchirante !

HAROUN.

Répondez, Zaïda ; vous n'étiez pas seule ?

ZAIDA, tremblante.

Seigneur...

HAROUN.

Giafar était ici?

ZAIDA.

Non, Seigneur, ce n'était pas lui.

HAROUN.

Et quel autre oserait ?... (*A sa suite.*) Cherchez partout. Visitez ces lieux.

(Quelques Eunuques sortent et regardent en dehors du pavillon.)

NAIR, effrayé du bruit qu'il entend, ouvre l'armoire
et crie.

Ma mère !...

(Étonnement général.)

ZAIDA s'élance vers Naïr, qu'elle arrache des
bras d'Isouf.

Mon fils !

HAROUN.

Il est donc vrai !... vous m'avez trompé ?...
Tremblez, perfides ! Plus les coupables m'é-
taient chers, et plus leur punition sera terrible.
Je veux que votre châtiment, à jamais mémo-
rable, fasse frémir la postérité, et serve
d'exemple à quiconque oserait concevoir la
coupable pensée de me désobéir. (*A Isouf.*)
Saisissez-vous de cet enfant.

ZAIDA.

Jamais !

NAIR se débat pour résister aux efforts d'Isouf,
et se réfugie auprès de Giafar.

Mon pè...

(Giafar lui met la main sur la bouche.)

HAROUN, à Zaïda.

C'est sous tes yeux qu'il sera frappé de
mort... (*A Giafar en lui présentant son
poignard.*) Esclave, prends ce fer, et le plonge
dans le sein de cet enfant. (*Giafar serre
étroitement son fils contre son cœur et l'embrasse à plusieurs reprises.*) Prends, te dis-
je. (*Giafar se jette à genoux et supplie le
Calife d'épargner cette innocente créature.*)

Tu m'oses résister ! (*Il se tourne avec fureur vers ses gardes.*) Soldats, tranchez la tête à cet esclave.

(Les Eunuques s'avancent le cimeterre levé.)

ZAIDA jette un cri perçant et vient tomber évanouie aux pieds de Giafar , en disant d'une voix mourante :

Épargnez Giafar ! (*)

(Raymond appelle les esclaves de la Princesse , qui la relèvent , ainsi que son fils , et lui donnent des secours.)

HAROUN.

Giafar !

(Les Eunuques se retirent avec respect. Tableau général.)

GIAFAR , ôtant son masque.

Oui, cruel, c'est ton ami, c'est le soutien de ton empire, que ton barbare caprice réduit à la condition la plus misérable ; c'est l'homme qui cent fois a répandu son sang pour défendre ta gloire et tes états, que tu veux contraindre à verser celui de son fils, du fils de ta sœur.

HAROUN.

Ah ! ne me rappelle pas ton injure.

GIAFAR.

Qu'avons-nous fait, que désobéir à un ordre inhumain, impossible ?

____

(*) Leuf, Haroun, Giafar, Zaïda, Naïr, Raymond.

HAROUN.

En t'offrant la main de Zaïda , je t'expli-
quai les raisons politiques qui s'opposaient à
ce qu'il naquît de votre union un enfant,
dont les prétentions au trône pourraient après
ma mort troubler la paix de cet empire, en
établissant une rivalité dangereuse entre mon
fils et lui. Je ne devais point permettre d'ailleurs que le sang d'Ali fût souillé par une
alliance étrangère. Ma loi me le défendait.
Je t'imposai donc une condition difficile, il
est vrai : mais avant de l'accepter, avant de
te lier par des sermens terribles, tu as dû
consulter ta vertu. « Puissé-je, m'as-tu dit,
» la main sur l'Alcoran, attirer sur moi votre
» vengeance, et celle du Prophète, si je dé-
» viens parjure. » Tu l'as enfreint, ce serment redoutable, et la mort punira ton
crime. Zaïda, qui l'a partagé, partagera ton
châtiment.

GIAFAR.

Ah! Seigneur, révoquez cet arrêt barbare.
Inventez des supplices pour me punir ; mais
épargnez Zaïda. C'est moi seul qui suis coupable, c'est moi qui l'ai séduite ; moi seul
je vous ai trahi. Au nom de notre amitié...

HAROUN.

Je l'abjure.

GIAFAR.

De mes services...

HAROUN.

Je les oublie.

GIAFAR.

De votre gloire...

HAROUN.

Je la ternirais en ne punissant point un ingrat, un parjure.

GIAFAR.

Épargnez votre sœur.

HAROUN.

Elle n'est plus rien pour moi. Qu'on la
traîne au sérail, qu'on la dépouille de ses
riches vêtemens, pour la couvrir de ceux de
l'indigence, et que dans cet état elle soit ex-
posée aux regards du peuple et chassée du
palais. Que Giafar, son fils, que tout ce qui
porte le nom de Barmécide disparaisse de la
terre : qu'avant la fin du jour ils soient tous
immolés !

RAYMOND.

Seigneur !

HAROUN, à Raymond.

Và, sors de Bagdad à l'heure même : je te
bannis de mes états. (*A Isouf et aux gardes.*) Allez, le moindre retard apporté dans
l'exécution de mes ordres sera puni par un
châtiment exemplaire. (*Les Eunuques, les
esclaves et les femmes se prosternent aux
pieds du Calife en demandant grâce.*) Té-

méraires ! quiconque osera me parler en faveur de ces traîtres ressentira le poids de
ma juste colère.

(Il sort avec un air menaçant. (Tableau général.)
Raymond et Giafar soutiennent la Princesse, qui,
malgré son évanouissement, ne s'est point séparée
de son fils.)

FIN DU SECOND ACTE.

ACTE TROISIÈME.

Le théâtre représente la partie des ruines de Babylone qui s'étendait vers le Tygre. A droite, aux second et troisième plans, les murs d'un château fort, dont une petite porte dérobée donne sur le théâtre. Tout près de l'avant-scène, du même côté, une masure couverte avec des feuilles de palmier.

—

SCÈNE I.

ABOULCASEM, MORABEK, BÉDOUINS.

(Au lever du rideau, on voit une halte de Bédouins, des ballots, des chameaux, des esclaves, des draperies jetées sur des palmiers, etc.)

MORABEK.

Nous voici donc au milieu des débris de la superbe Babylone ; c'est donc là tout ce qui reste de cette antique cité, jadis la reine du monde, et qui ne sert aujourd'hui qu'à abriter une troupe de Bédouins. Pour ma part, je te remercie, brave Aboulcasem, de nous avoir conduits dans ces ruines. Nous sommes tous fatigués de la marche longue et pénible que nous venons de faire ; ce lieu est commode pour nous reposer ; si tu m'en crois, nous prolongerons la halte jusqu'à la

fin du jour. Pendant que tes esclaves, dé-
gagés de leurs fers, s'efforceront de charmer
tes loisirs; moi, j'irai visiter en détail ces
monumens fameux bâtis par Nembrod et Sé-
miramis.

ABOULCASEM.

J'y consens.

MORABEK.

Esclaves, le vaillant Aboulcasem, votre
vainqueur et votre maître, vous permet de
te divertir.

(Il va se promener dans les ruines. Dansés et jeux
exécutés par les captifs d'Aboulcasem. Ce diver-
tissement doit être vif et court.)

ABOULCASEM.

C'est assez. Que l'on se dispose à partir.

MORABEK.

Déjà? A peine sommes-nous arrivés. Pourquoi donc partir sitôt?

ABOULCASEM.

Nous sommes trop près de Bagdad. Crois-
tu que je veuille orner le triomphe de Giafar?
Aussi intrépide guerrier que ministre habile,
il a promis d'expulser entièrement les Bédouins des États d'Haroun. Je volerais à sa
rencontre si nous pouvions combattre à force
égale; mais je n'ai garde d'exposer mes compagnons aux coups d'une armée victorieuse.
Sa présence nous avait forcés de sortir du désert; maintenant qu'il s'en est éloigné, nous

pouvons y retourner. Nous allons repasser l'Euphrate, et nous mettre à la recherche de quelque riche caravane bien escortée, dont la prise, vaillamment défendue, nous couvrira de gloire et nous enrichira.

MORABEK.

Oui, tu aimes la fumée, toi; moi, je ne connais rien de réel que l'or.

ABOULCASEM.

Nous fesons chacun notre métier.

MORABEK.

Puisque tu es si jaloux de ce vain titre de gloire, comment n'as-tu pas cherché à réparer l'affront que tu as reçu de Giafar?

ABOULCASEM.

L'affront, dis-tu? Les chances de la guerre sont incertaines et journalières. Vainqueur aujourd'hui, demain on peut être défait. J'ai combattu Barmécide; la victoire long-tems indécise s'est déclarée pour lui. D'un coup de son cimeterre, il pouvait trancher mes jours; il ne l'a pas voulu. Cela t'étonne, et moi je le conçois. La mort d'un ennemi n'ajoute rien à l'honneur de l'avoir vaincu.

MORABEK.

Nous ne pensons pas de même.

ABOULCASEM.

Cela doit être.

MORABEK.

En pareil cas, la générosité du vainqueur ajoute encore à la honte de s'être laissé vaincre.

ABOULCASEM.

Il suffit, te dis-je; sur ce point, nous ne pouvons nous entendre. (*A sa suite.*) Que l'on se mette en marche.

MORABEK, à part.

Malheur à Giafar, ou aux siens, si jamais il tombe entre mes mains. J'aurai bientôt vengé l'outrage fait aux Bédouins dans la personne d'un de leurs Cheiks.

(On plie les tentes, on enlève les draperies; tout s'anime; et la petite armée des Bédouins défile à travers les ruines, avec ses bagages, son butin, ses esclaves, etc.)

ABOULCASEM, en sortant.

Morabeck !

MORABEK, avec humeur.

Je te suis. Les approches d'une ville riche et commerciale pouvaient nous offrir de fréquentes occasions de signaler à la fois notre audace et notre adresse... Il faut s'éloigner, et attendre au milieu des sables brûlans du désert qu'il plaise au hasard... (*Tout en murmurant, il se dispose à joindre l'armée. Un Bédouin, qui est resté en arrière vient lui frapper sur l'épaule, et lui fait signe de regarder à gauche.*) Qu'est-ce ?...... Un Musulman s'avance de ce côté.... Que risquons-nous de l'attendre. C'est peut-être un trésor que le Prophète nous envoie. Tenons-nous à l'écart et baissons nos visières, afin de n'être pas reconnus et punis par Aboulcasem, s'il apprenait cette infraction à la discipline qu'il veut établir parmi nous.

(Ils se retirent à l'écart.)

SCÈNE II.

ISOUF, MORABEK, un bédouin.

ISOUF, arrivant par la gauche et regardant de tous côtés.

On m'a dit qu'un parti de Bédouins s'était avancé jusque dans ces ruines, et je m'en réjouissais ; mais il paraît qu'on m'a trompé. D'après le bruit qui s'en est répandu, j'ai quitté Bagdad pour venir chercher parmi ces hommes avides des cœurs fermés à tous sentimens humains, et à qui je puisse confier l'exécution des ordres de mon maître. Les services de Giafar, et la gloire récente dont il vient de se couvrir, l'ont environné d'un tel prestige, que le Calife lui-même ne trouverait peut-être pas dans tous ses états un bras dévoué à sa vengeance, à l'exception du mien. Mais ma prudence s'oppose à ce que voudrait mon courage. Déjà l'armée murmure et redemande hautement son chef. Je dois craindre aussi l'inconstance d'Haroun, et ne pas lui laisser le tems de se repentir. Je sais qu'un même objet excite alternativement sa fureur et sa pitié. Je n'ai donc pas un moment à perdre, si je ne veux me voir enlever le résultat de dix années d'intrigues et de ruse. Les Bédouins, ennemis naturels de Barmécidé, et ne vivant que de pillage, ne se feront pas le moindre scrupule de me servir. Je me suis d'ailleurs muni d'argumens irrésistibles. Aussitôt que je les apercevrai, je prendrai une bourse de chaque main, et m'avançant hardiment… (*il tient une bourse de chaque main*) à la faveur de ces messagers de la paix, je leur dirai : Soyez les bien venus ! c'est vous que je cherchais : sans doute vous aimez l'or?

MORABER ET L'AUTRE BÉDOUIN se sont avancés sans bruit. Arrivés près d'Isouf, l'un à droite, l'autre à gauche, ils empoignent à la fois les deux bourses que celui-ci leur présente. Puis ils se mettent sur la défensive.

Beaucoup.

ISOUF, d'abord un peu déconcerté, dissimule son trouble, et affecte un air riant et beaucoup d'assurance.

Ah! ah!

(Dans ce moment un homme enveloppé d'une ample draperie, à la manière des Arabes, traverse mystérieusement les ruines, s'arrête en voyant Isouf, et disparait derrière les murs de la forteresse)

MORABER.

N'est-ce pas là ce que tu voulais savoir?

ISOUF.

La réponse est positive. Seulement je la trouve un peu brusque.

MORABEK.

Nous ne sommes pas obligés d'être polis.

ISOUF.

Je le vois bien. Mais passons sur les formalités. Ce n'est là qu'un faible à-compte sur le riche salaire que je vous destine, si vous consentez à ce que je viens vous proposer.

MORABEK.

Parle. Nous sommes prêts à te satisfaire.

ISOUF.

Je ne vous demande póint si vous êtes sensibles.

MORABEK, ironiquement.

Des Arabes!... Sans préambule, de quoi s'agit-il ?

ISOUF, avec joie.

Le Calife vient de condamner à mort Barmécide et toute sa famille.

MORABEK.

Ah! tant mieux!

ISOUF.

Tu le hais donc ?

MORABEK.

Autant que toi.

ISOUF.

Qui l'a dit ?...

MORABEK.

Tes yeux. Au fait, tu veux nous charger
de mettre à exécution... (*Isouf fait un geste
affirmatif.*) Avec plaisir.

ISOUF.

Il est possible qu'Haroun révoque cet arrêt
porté dans un moment de fureur; je ne m'y
opposerai pas, au contraire, pourvu qu'il ait
frappé Giafar et son fils.

MORABEK.

A la bonne heure. Chacun le nôtre. (*Montrant son compagnon et lui.*) Où sont-ils?

ISOUF.

J'ai dû m'assurer avant tout de votre consentement. Cet ordre du Calife (*il montre un
rouleau*) m'autorise à enlever les prisonniers
pour les faire conduire où bon me semblera.
Je vais donc les prendre l'un après l'autre,
et les amener ici sous prétexte de les déposer
dans ce château-fort, où l'on élève le fils
d'Haroun. Ils y seront ignorés et à l'abri d'un
coup de main. (*Avec ironie.*) Dans le trajet,
nous sommes attaqués par des Bédouins.

MORABEK.

A ce que tu dis. Giafar et son fils suc-
combent.

ISOUF.

Je ne dois mon salut qu'à un miracle.

MORABEK.

Non. A la fuite, c'est plus naturel, si tu sais courir.

ISOUF, à part.

Et si par hasard le Calife fait un retour tardif vers la clémence, je suis délivré de mes ennemis, sans que l'odieux de leur mort puisse m'être imputé.

MORABEK.

Je te devine. Ah! quel talent! Je ne m'étonne pas que tu aies fait ton chemin. Va, nous t'attendons. Hâte-toi, car il nous faut rejoindre notre petite armée.

ISOUF.

Je ne tarderai pas...

MORABEK.

Tu nous trouveras ici ou dans les environs. D'ailleurs tu nous appelleras.

ISOUF.

Ah! çà, je puis compter sur vous? Vous êtes gens d'honneur?

MORABEK.

Comme toi.

ISOUF.

Adieu.

MORABEK, avec affectation.

Adieu, camarade.

ISOUF, à part, avec humeur et en s'en allant.

Hum ! camarade !

MORABEK.

En attendant le retour de ce vieux coquin, visitons les dehors de cette forteresse, où l'on élève, nous a-t-il dit, le fils d Haroun ; peut-être ferons-nous encore quelque heureuse rencontre.

(Ils s'éloignent par la droite.)

SCÈNE III.

ZAIDA paraît dans le fond. Elle s'avance lentement, sa marche est incertaine et chancelante. Elle s'arrête à chaque pas sur des monceaux de ruines. Ses vêtemens en désordre sont ceux d'une femme du peuple. Elle est pâle et exténuée par la fatigue et le besoin.

Les forces me manquent... Puissé-je trouver ici le terme de ma douleur ! (*Elle tombe au pied d'un palmier.*) Est-il un sort plus déplorable ? Oh ! non, sans doute ; nulle infortune ne peut se comparer à la mienne. Hier, assise auprès du trône, enivrée de l'encens qui fumait pour Giafar, certaine de son amour, de l'existence de mon cher Naïr, j'étais la plus heureuse des épouses et des mères. Aujourd'hui, réduite à la condition la plus misérable, chassée honteusement de Bagdad, comme la plus vile des créatures...

à jamais séparée d'un époux et d'un fils massacrés presque sous mes yeux... sans asile, sans appui, sans espérance !... qu'ai-je à faire en ce monde ?... Grand Dieu ! ne prolonge pas ma douloureuse agonie; hâte-toi de me réunir à ceux que j'ai perdus. N'imite pas l'inflexible rigueur d'Haroun. Frère barbare ! puisses-tu n'éprouver jamais, pour ce fils que tu chéris si tendrement, les cruelles angoisses auxquelles tu livres sans pitié le cœur de la malheureuse Zaïda.

(*Elle est absorbée par la douleur.*)

SCÈNE IV.

ZAIDA, HASSAN.

HASSAN, *ouvrant la petite porte du château.*

J'AI cru entendre des gémissemens... des plaintes... (*Il regarde.*) Ah ! c'est une femme. (*Il descend, et accourt auprès de Zaïda.*) Infortunée ! Oh ! Ciel ! elle est mourante... la chaleur sans doute... Hâtons-nous de la secourir. (*Il rentre au château.*)

ZAIDA, *se soulevant avec peine.*

Quels accens ont frappé mon oreille ? (*Elle jette autour d'elle des regards douloureux.*) Ah ! c'est une illusion. Quel être dans l'univers pourrait prendre intérêt à mon sort ?

HASSAN, *apportant de l'eau dans un vase de coco.*

Me voici, pauvre femme, me voici ; je t'apporte de l'eau.

ZAIDA, *tendant les bras en avant.*

Oh ! j'en ai grand besoin.

HASSAN.

Tiens, bois.

(*Il lui verse de l'eau dans la bouche.*)

ZAIDA.

Merci, bon jeune homme.

HASSAN.

Maintenant, quelques dattes fraîches.

(*Il lui présente un panier de jonc qu'il tient au bras.*)

ZAIDA.

Quel est donc cet ange protecteur que le Ciel m'envoie ?

HASSAN.

Prends, en attendant que je t'apporte une portion de pilau. Je vais la demander à mon gouverneur. Quoiqu'il m'ait bien défendu de franchir l'enceinte du château, il excusera, j'espère, ma désobéissance, en faveur du motif. S'il ne me permet pas de revenir, je t'enverrai...

ZAIDA.

Demeurez, je vous prie. Ce léger secours me suffit. (*Elle se lève.*) Dites-moi, bon jeune homme, à qui je dois rendre grâce...

HASSAN.

Que t'importe ? Parmi les vertus dont on m'inspire depuis mon enfance le goût et la pratique, on m'a surtout recommandé de ne laisser jamais échapper l'occasion de secourir les infortunés; mais secrètement, sans ostentation, sans autre récompense enfin que celle que l'on trouve dans son cœur; et je sens aujourd'hui que c'est la plus douce que l'on puisse recevoir.

ZAIDA.

Quelle ame noble!

HASSAN.

Mais toi qui parais si malheureuse, qui peut causer ta peine?

ZAIDA.

Un cruel qui m'a ravi mon époux et mon fils.

HASSAN.

On t'a ravi ton fils! oh! ce doit être le plus grand des malheurs, si j'en juge par la douleur que j'éprouverais à être séparé de mon père. Tiens, cette seule idée fait couler mes larmes. Pauvre mère, que je te plains!... Mais prends courage, le dieu du Prophète est tout-puissant... tu les retrouveras.

ZAIDA.

Jamais. En ce moment la mort...

(Les larmes l'empêchent d'achever.)

HASSAN.

Tous deux?

ZAIDA.

Tous deux.

HASSAN, *avec timidité.*

Peut-être... ils étaient coupables?

ZAIDA.

Eux coupables! tu le sais, ô Ciel!

HASSAN.

Quel est donc le barbare qui s'est souillé par cette action criminelle?

ZAIDA.

Hélas!

HASSAN, *avec chaleur.*

Sans doute le Calife n'en a point connaissance, car il n'a jamais souffert que l'on commît impunément dans ses États une injustice ou un crime. Écoute, bonne femme, il vient me voir presque tous les jours; si tu veux, je lui raconterai tes malheurs. Mais non, va plutôt te jeter à ses pieds... tu lui diras que tu as vu son fils...

ZAIDA, *à part.*

Son fils!

HASSAN.

Que c'est lui qui t'a recueillie, qui t'envoie vers lui pour réclamer la protection qu'il ne refuse jamais à personne, fût-ce même au dernier de ses sujets. Il est bon, sensible, généreux; il te vengera de tes ennemis, de ces méchans qui font couler tes larmes: et quand tu auras obtenu de lui la justice que tu demandes, tu viendras me retrouver, afin que je puisse m'en réjouir avec toi.

ZAIDA, à part.

C'est donc là le fils d'Almaïde, de notre cruelle ennemie ?... C'est lui qui est la cause, ou du moins le prétexte de nos persécutions !

HASSAN.

Qu'est-ce donc qui t'agite ? Tu t'éloignes de moi ! tu détournes la vue ! t'aurais-je fait du mal sans le savoir ? Ah ! j'en serais bien fâché, et je t'en demande sincèrement pardon.

ZAIDA, à part.

Le mouvement que j'éprouve est injuste, je dois le réprimer. Cachons à ce jeune homme la cruauté d'Haroun. Épargnons à un fils l'affreux supplice d'avoir à rougir de son père. (*Haut et d'un ton affectueux.*) Je vous remercie, bon jeune homme, du conseil que vous a suggéré votre cœur ; mais je ne puis le suivre. Il n'est peut-être plus au pouvoir du Calife de réparer le mal que le cruel... (*elle s'arrête*) que l'on m'a fait. Je n'aspire plus qu'à m'éloigner de ces lieux. La seule faveur que je demande au Ciel, c'est de terminer bientôt des jours à jamais flétris par le malheur et les larmes.

(Elle fait un mouvement pour s'éloigner.)

HASSAN la retient.

Tu ne partiras pas dans cet affreux dénûment. L'entrée du château est sévèrement

interdite à ton sexe, je n'ose donc te prier de
m'accompagner; mais tu peux te reposer, en
attendant mon retour, dans cette masure que
tu vois, là... tout près, couverte avec des
feuilles de palmier. Je reviendrai bientôt t'apporter quelques provisions, et un peu d'or
que je tiens des bontés d'Haroun.

ZAIDA.

J'accepterai avec reconnaissance ce qui
viendra de vous seul. Quant à l'or, je le refuse.

HASSAN.

Pourquoi?

ZAIDA, dissimulant sa pensée.

Il me serait inutile.

HASSAN.

Viens, que je te conduise. (*Il la soutient
et la mène à l'entrée de la masure.*) Du
moins tu seras à l'abri du soleil... Ne t'impa-
tiente pas; je reviendrai le plus tôt possible.
Dieu des Croyans! puisses-tu embellir ainsi
chacun des jours que tu me destines!

(Il retourne au château.)

SCÈNE V.

NAIR, ISOUF.

NAIR, à Isouf qui le mène par la main.

Où donc me conduis-tu?

ISOUF.

Tu vas le savoir.

NAIR.

Est-ce auprès de ma mère ?

ISOUF, avec une ironie cruelle.

Oui... oui... vous serez bientôt réunis.

NAIR.

Tu me fais plaisir. Je te croyais méchant ;
mais je vois bien que l'on m'a trompé.

ISOUF, remontant la scène et cherchant des yeux
les Bédouins.

Où sont-ils ? Bon ! je les aperçois...

(Il fait des signes en dehors.)

NAIR.

Qui donc appelles-tu ?

ISOUF.

Tu es trop curieux.

NAIR.

Conduis-moi vite auprès de ma mère.

ISOUF.

Tu es bien pressé.

NAIR.

Tu me l'as promis.

ISOUF.

Patience !

SCÈNE VI.

ISOUF, NAIR, MORABEK, un bédouin.

MORABEK.

Nous voici.

ISOUF.

Tiens, voilà d'abord le fils.

MORABEK.

Pourquoi ne les as-tu pas amenés tous deux ?

ISOUF.

J'ai laissé le père à un demi-mille environ, sous la garde d'une bonne escorte. J'ai craint sa fureur si nous le rendions témoin...

MORABEK.

Très-prudent. L'un après l'autre, cela revient au même. (*A son compagnon.*) Charge-toi de celui-là, c'est trop peu de chose pour moi.

(Le Bédouin tire son cimeterre, et s'avance d'un air déterminé vers l'enfant.)

NAIR, se réfugiant près d'Isouf.

Défends-moi, je t'en prie, de ce vilain homme.

ISOUF le repousse durement vers le Bédouin.

Bédouin, fais ton devoir.

20.

NAIR.

Ne me tue pas, je t'en prie.

(*Il élève ses mains jointes vers le Bédouin, qui paraît hésiter et baisse son arme*)

ISOUF.

Tu balances?... Eh bien, c'est moi qui vais le frapper. (*Il tire son sabre et s'élance sur Naïr; mais par un mouvement plus prompt que l'éclair, le Bédouin, de la main gauche, cache l'enfant avec son bouclier, et le couvre de son corps, tandis que de la droite il lève la partie supérieure de son casque et tient son cimeterre levé sur la tête d'Isouf, qui reconnaît Raymond.*) Comment! c'est toi?

RAYMOND.

Oui, c'est moi (*).

ISOUF.

Je te trouverai donc partout?

RAYMOND.

Partout. Je te poursuivrai jusqu'aux enfers. Caché dans ces ruines, j'ai tout entendu. J'ai voulu voir jusqu'où irait ta barbarie. Scélérat!... Quoi! les larmes de cette innocente créature n'ont même pu t'émouvoir? Oh! il est tems de le frapper ce cœur inflexible.

(*) Morabek, Isouf, Raymond, Naïr.

MORABEK, *froidement.*

Ne t'en avise pas, il émousserait ton cimeterre.

NAIR, *à Raymond.*

Ne le tue pas.

SCÈNE VII.

ISOUF, MORABEK, RAYMOND, NAIR, ZAIDA.

ZAIDA, *sortant de la masure.*

Qu'entends-je ? Cette voix...
(*Elle s'élance vers Naïr que Raymond lui remet.*)

NAIR.

Ma mère !

RAYMOND.

Princesse, embrassez votre fils.

ISOUF.

O rage !

MORABEK, *à Isouf, avec ironie.*

Cela va mal.

ISOUF.

Et toi aussi, au mépris de nos conven-
tions...

MORABEK.

Que veux-tu ? il m'a lié les mains (*montrant Raymond*). Tu ne m'as donné qu'une

bourse pour faire du mal, il m'en a donné six pour faire du bien. Écoute donc; conscience à part, les Arabes savent compter. Cinq cents pour cent de bénéfice, cela ne peut pas se refuser. Demande à qui tu voudras.

ZAIDA.

Cher Raymond, où est Giafar? pourras-tu me le rendre ?

RAYMOND.

Je l'espère, Madame.

ZAIDA.

Ah ! quand même tu réussirais, comment échapperions-nous à la vengeance d'Haroun? elle nous poursuivra partout.

MORABEK, à Raymond.

Tu n'as plus besoin de moi; je vais rejoindre Aboulcasem.

RAYMOND.

Aboulcasem, dis-tu ?

MORABEK.

C'est ainsi que se nomme le Cheik de ma tribu.

RAYMOND.

J'en ai entendu parler. Est-il loin d'ici ?

MORABEK.

A un mille tout au plus.

RAYMOND.

Attends. (*Montrant Isouf.*) Veille sur lui.

(*Il cueille une feuille de palmier et y trace des caractères avec la pointe de son poignard, en écrivant de haut en bas.*) « Brave Aboulcasem... » (*En écrivant il laisse échapper des mots sans suite*) « Giafar... dans le » désert... Lui rendre service... Tu y trou- » veras le Calife... Pour première récom- » pense, je t'envoie un esclave dont tu pour- » ras faire un excellent conducteur de cha- » meaux. » (*A Morabek.*) Tu vas lui mener ce coquin. (*Montrant Isouf. Puis il continue d'écrire.*) « Cent coups de bâton bien appli- » qués, tous les matins, l'auront bientôt mis » au fait... »

MORABEK.

Sois tranquille, cela sera fait, je m'en charge.

ISOUF, à part.

Traître maudit.

MORABEK.

Tais-toi, ou je commence.

RAYMOND.

N'y manque pas. Il est paresseux et mé- chant. Sans cette correction, tu n'en feras ja- mais rien.

MORABEK.

Matin et soir s'il le faut.

RAYMOND, à Morabek.

Va, cours porter cet écrit à Aboulcasem, et remmène avec toi ce misérable.

ISOUF, à Raymond.

Grâce, mon cher Raymond.

RAYMOND.

En as-tu fait à cet enfant, et à cette mère infortunée ?

ISOUF.

Nous partagerons comme je te l'ai promis.

RAYMOND.

Point de partage entre nous. Tu auras seul la honte et l'opprobre ; moi, le plaisir et l'honneur d'avoir déjoué tes desseins criminels : nous serons payés chacun comme nous le méritons.

MORABEK.

A propos, il est porteur d'un ordre du Calife qui met les prisonniers à sa disposition. (*Il prend dans la ceinture d'Isouf le rouleau, et le donne à Raymond.*) Prends, et fais-en ton profit.

RAYMOND.

Merci. Fais diligence.

ISOUF, d'un ton lamentable.

Adieu mes vingt mille sequins.

MORABEK.

Allons, marche.
(Il l'emmène dans le fond, à travers les ruines.)

SCÈNE VIII.

RAYMOND, ZAIDA, NAIR.

RAYMOND.

. Vous, Princesse, demeurez en ce lieu avec votre fils. Je vais à la rencontre de Giafar, j'emploierai tour à tour la persuasion et la force pour l'enlever aux agens de ce traître.

ZAIDA.

Hélas ! que pourras-tu seul contre tous ?

RAYMOND.

Son danger et mon amitié ont centuplé mes forces. (*Avec beaucoup d'énergie.*) Je combattrai pour vous le rendre, tant qu'une goutte de sang circulera dans mes veines.

ZAIDA.

Généreux ami !... ah ! laisse-moi te suivre.

(Zaïda et Naïr suivent Raymond, et disparaissent du même côté que lui.)

SCÈNE IX.

HASSAN, HAROUN, déguisé.

(Tous deux sortent par la petite porte du château.
Hassan paraît le premier. Il supplie le Calife de
descendre vite.)

HASSAN.

Tu vas la voir, elle se repose dans cette
masure. Oh! elle est bien malheureuse. Tu
ne pourras te défendre d'éprouver aussi pour
elle le même intérêt qu'elle m'a inspiré. Je
lui ai promis que tu la protégerais.

HAROUN.

C'est le devoir d'un souverain.

HASSAN.

Que tu la vengerais de ses persécuteurs.

HAROUN.

Sans doute, si elle n'a point mérité son
sort.

HASSAN.

J'oserais t'en répondre. Il faut être bien
méchant pour tourmenter ainsi une pauvre
femme dont les traits respirent la candeur
et l'innocence. Tu vas en juger toi-même.
(*Il va près de la masure.*) Viens, bonne
femme. Eh bien! viens donc. (*Il entre.*)
Elle n'y est plus. Où donc est-elle? je lui
avais cependant recommandé de m'attendre.

(*Il parcourt les ruines.*) Où es-tu, bonne femme? viens... Ah! je la vois. (*A son père.*) Je vais te l'amener; mais je ne lui dirai pas que tu es le Calife. Ta présence pourrait l'intimider.

(Il disparaît un moment.)

SCÈNE X.

HAROUN.

Bon Hassan ! O mon cher fils , c'est toi qui désormais me tiendra lieu de tous ceux que j'ai perdus. En m'éloignant de Bagdad, pour n'être pas témoin de l'exécution des ordres rigoureux que j'ai donnés, où pouvais-je trouver des consolations plus douces et plus efficaces que celles que je puise dans ton excellent caractère, et dans ces vertus qui m'assurent que ton nom deviendra quelque jour la splendeur et la gloire de l'Orient ?

SCÈNE XI.

NAIR, ZAIDA, HAROUN, HASSAN.

(Zaïda, voyant le Calife, cache son fils avec un mouvement d'effroi.)

HAROUN, troublé, détournant la vue.

C'est toi !

HASSAN, avec joie.

Tu la connais ; ah ! tant mieux.

HAROUN.

Est-ce bien la sœur d'Haroun qui s'offre à mes regards dans un tel dénûment ?

HASSAN, à part.

Sa sœur !

ZAIDA.

Oui , c'est elle. Malgré l'abaissement où tu as voulu la réduire, son ame fière et indépendante n'a point changé. L'infortunée Zaïda vit toujours, mais elle n'a plus de frère.

HAROUN.

Plus ?

ZAIDA.

Non. Le grand, le magnanime Haroun n'existe plus.

HAROUN.

Tu as raison. Je ne suis plus que ton juge.

ZAIDA.

Il est vrai : mais Dieu sera le tien.

HASSAN, bas à Zaïda.

Tu vas exciter son courroux.

HAROUN.

Est-ce pour me braver que tu as désiré ma présence ?

ZAIDA.

Loin de la désirer, ton fils te dira que je voulais la fuir. Comment puis-je supporter la vue du meurtrier de mon époux et de toute sa famille?

HAROUN.

Qui t'a rendu ton fils?

ZAIDA.

Le Ciel, qui, moins inflexible que toi, a voulu me laisser du moins quelques consolations dans mon malheur.

HAROUN.

Je saurai bien te l'enlever.

HASSAN, se jetant aux genoux de son père.

Haroun, mon père, j'ignore par quel grand crime elle a mérité ta colère, mais, quel qu'il soit, n'est-elle pas trop punie par la privation de ton amitié, par la misère où tu la vois plongée? je t'en conjure, ne la sépare pas de son fils. Si quelque barbare te privait du tien, si l'on m'enlevait à ton amour...

HAROUN.

Ah!

HASSAN.

Juge de sa douleur par celle que tu éprouverais. Tu m'as promis de la protéger, de la défendre. Si l'on t'avait trompé, si elle est innocente, c'est un devoir, m'as-tu dit. Si elle est coupable, eh bien ! c'est un acte de bonté, de clémence, et tu dois à ton fils l'exemple de toutes les vertus.

HAROUN.

Sais-tu pour qui tu m'implores ? Cet enfant, dont tu me demandes de conserver la vie, deviendra ton plus cruel ennemi.

HASSAN.

Lui ! (*Il prend Nair dans ses bras.*) N'est-ce pas que tu ne me haïras jamais ?

NAIR.

Jamais.

HAROUN.

Quelque jour, ses prétentions au trône susciteront dans tes États des guerres interminables.

HASSAN.

Et je serais la cause de cet affreux sacrifice !... Ah ! loin que l'on répande du sang, je ne veux point d'un trône s'il doit en coûter seulement une larme à l'innocence. Zaïda, et toi faible créature, joignez-vous à moi, embrassons les genoux d'Haroun, élevons nos mains suppliantes vers lui.... Pardonne, ô mon père ! pardonne...

ZAÏDA et NAIR, aux genoux d'Haroun.

Pardonne !...

HAROUN attendri les relève, et dit avec beaucoup d'émotion.

Eh bien ! s'il en est tems encore...

SCÈNE XII.

ZAIDA, NAIR, HASSAN, UN GARDE
du Calife HAROUN.

LE GARDE.

COMMANDEUR des Croyans, une affreuse sédition vient d'éclater. L'escorte qui conduisait Giafar, séduite par les conseils de Raymond, vient de ramener le Visir dans son camp. L'armée a reçu son chef avec des transports de joie qui vont jusqu'au délire. Elle le nomme hautement son maître. Fuyez, Seigneur, où vous avez tout à craindre de l'audace des révoltés.

HAROUN.

Moi, fuir ! je vais à leur rencontre. Ma présence les aura bientôt rappelés au devoir.

SCÈNE XIII.

NAIR, ZAIDA, HASSAN, MORABEK,
BÉDOUINS, HAROUN, LE GARDE.

MORABEK, en dehors.

Suivez-moi... courons de ce côté.
(Il arrive par le fond à la tête d'un bon nombre des siens.)

HAROUN.

Des Bédouins !

21.

MORABEK, à Haroun qu'il prend pour un simple
soldat.

Où est le Calife ?

HAROUN.

Tu vas le savoir. (*Il remonte l'escalier qui
mène au château en criant :*) A moi !

MORABEK.

Tu appelles du secours ?
(Il s'élance sur le Calife, qui est défendu par Hassan,
Zaïda et Naïr.)

HAROUN.

Soldats, obéissez à la voix de votre maître.

SCÈNE XIV.

NAÏR, ZAÏDA, HAROUN, ABOULCASEM, MORABEK, BÉDOUINS.

(Haroun recule et gagne le côté gauche de la scène.)

ABOULCASEM, paraissant sur le seuil de la porte.

Ah ! c'est toi qui es le maître. Je te remercie de me l'avoir appris ; car c'est toi que
je cherche, et je ne t'aurais pas deviné sous
ce déguisement.

HAROUN.

Que veux-tu ?

ABOULCASEM.

Te faire mon prisonnier.

HAROUN.

Haroun prisonnier d'un Bédouin !

ABOULCASEM.

Pourquoi pas, quand le Bédouin est plus adroit ou plus fort que lui ?

HAROUN.

Jamais.

ABOULCASEM.

Allons, sans cérémonie, donne-moi ton cimeterre.

HAROUN, *se mettant en défense.*

Viens le prendre.

ABOULCASEM.

Toute résistance est inutile. La garnison du fort est désarmée et prisonnière.

HAROUN.

Les lâches !

ABOULCASEM.

Rends-toi de bonne grâce.

HAROUN.

Non.

ABOULCASEM.

Tu aimes donc mieux te battre avec moi ? J'y consens ; je ne serai pas fâché de me mesurer avec un si noble adversaire.

HAROUN, *se retranchant à gauche et se mettant en garde.*

Approche, si tu l'oses.

ABOULCASEM.

Pourquoi pas ?

(Un combat s'engage entre Aboulcasem et le Calife,
qui est bientôt désarmé.)

SCÈNE XV.

**HASSAN, HAROUN, GIAFAR, ZAIDA,
NAIR, MORABEK, ABOULCASEM,
RAYMOND**, soldats, peuple, bédouins.

GIAFAR, accourant.

ARRÊTE, Aboulcasem.

TOUS.

Giafar !

ABOULCASEM.

C'est toi, Barmécide ? sois le bien venu.
Tu m'as laissé la vie dans le désert, on m'a
instruit de tes dangers, et j'ai couru m'acquitter envers toi.

GIAFAR.

Je te remercie. Mes fidèles compagnons
d'armes ont pris soin de ma vengeance.

ZAIDA, allant au-devant de Giafar, et effrayée de
l'agitation où elle le voit.

Giafar, je t'en conjure, fais taire un trop
juste ressentiment.

HASSAN, de même.

Épargne mon père !

GIAFAR, *les repoussant tous deux.*

Laissez-moi. (*Se tournant avec noblesse et fierté vers le Calife.*) Tu le vois, Haroun, ta situation ne présente aucun espoir de salut; tes gardes me sont dévoués; les Bédouins sont tes ennemis; te voilà seul au milieu des plus affreux dangers, et tu n'as plus même pour te défendre le soutien de ta couronne, ton ami le plus zélé, Giafar. Tu l'as forcé d'abandonner ta cause, et par ton injustice et par tes cruautés. Reconnais enfin combien il est dangereux de se livrer à l'impétuosité des passions! Celui qui gouverne un grand peuple lui doit de grands exemples. Si, réprimant un aveugle transport, tu n'avais écouté que la voix de la justice, en conservant une épouse et un fils à celui qui venait de sauver tes États, tu n'aurais point en un seul jour terni ta gloire, outragé l'amitié, méconnu la nature, et compromis le rang suprême.

HAROUN, *avec amertume.*

Politique adroit, profite de mes torts pour satisfaire ton ambition.

GIAFAR.

Tu l'as dit, Haroun. Je l'avoue, l'occasion est trop belle pour la laisser échapper. Aboulcasem, et vous, braves soldats, promettez-vous de me servir?

TOUS.

Oui.

ABOULCASEM.

Demande-moi tout ce que tu voudras.

HASSAN, à part.

Je tremble !

ZAIDA, à part.

Aurais-je méconnu Giafar ?

GIAFAR.

Jurez tous par Mahomet de m'obéir aveuglément. -

TOUS.

Nous le jurons.

GIAFAR, avec énergie.

Eh bien! imitez-moi.

(*Il lève son cimeterre. Les soldats et les Bédouins en font autant.*) Tombez aux pieds de votre légitime souverain.
(Tous posent les armes et se prosternent devant le Calife. Les esclaves des Bédouins sont accourus et garnissent les ruines. Tableau général.)

HAROUN.

Ah! Giafar... combien je fus injuste, et que ta vengeance est noble. (*Il le relève et lui tend les bras. Giafar s'y précipite.*) Zaïda, Naïr, Hassan, Raymond, venez tous dans mes bras.

GIAFAR.

O mon maître !

(La toile tombe.)

FIN DES RUINES DE BABYLONE.

LE

FANAL DE MESSINE,

MÉLODRAME EN TROIS ACTES,

Par M. GUILBERT DE PIXÉRÉCOURT;

Représenté, pour la première fois, sur le théâtre de
la Gaîté, le 23 juin 1812.

PERSONNAGES.

AYMAR, gouverneur de Messine.

MÉLIDORE, chef d'escadre.

PHROSINE, pupille d'Aymar, fiancée à Mélidore.

FIDÉLIO, jeune marin, dévoué à Mélidore, amant d'Anna.

JACINTHE, camériste de Phrosine.

ANNA, fille de Jacinthe.

MACARONI, majordome du Gouverneur.

FATALOS, neveu de Macaroni, amoureux d'Anna.

MARCOVICH, Morlaque,
CÉSARIO, Calabrois. } rameurs dévoués à Aymar.

TROUPES DE LA MARINE.

MATELOTS.

VILLAGEOIS et VILLAGEOISES.

MOUSSES.

La scène est à Messine, et dans une petite île voisine, située à deux milles de la côte.

LE

FANAL DE MESSINE,

MÉLODRAME.

ACTE PREMIER.

Le théâtre représente le jardin du Gouverneur. Il s'étend jusqu'à la mer, dont il n'est séparé que par une barrière élégante et peu élevée, au-dessus de laquelle on découvre le port et les nombreux vaisseaux dont il est rempli. A droite (1), sur le devant de la scène, au milieu d'un bosquet fleuri, s'élève un cénotaphe en bois, sur lequel on lit cette inscription : A MÉLIDORE. Le jour commence à poindre.

SCÈNE I.

(Au lever du rideau, une salve d'artillerie de toute la ligne, en commençant par les bâtimens les plus éloignés, annonce que l'on va célébrer quelque grand événement. Une barque, montée par deux hommes couverts de grands chapeaux et enveloppés dans leurs manteaux, s'arrête en face du jardin.)

FIDÉLIO, MÉLIDORE, entrant avec précaution.

MÉLIDORE.

VA mon cher Fidélio, use de toute ton

---

(1) Toutes les indications sont censées prises du parterre. Les personnages sont placés au théâtre comme en tête de chaque scène.

adresse. Sous ce déguisement, à la faveur duquel tu pourras pénétrer partout sans éveiller les soupçons du farouche Aymar et de la sévère Jacinthe, observe, écoute, et cherche par tous moyens d'arriver jusqu'à Phrosine, et de la prévenir du dessein qui m'amène en ces jardins. Il y va de sa vie, et peut-être de la mienne. Songe que si elle n'était point préparée, cette effrayante surprise pourrait lui donner la mort! Dis-lui que, quelque téméraire, quelque dangereux que soit le moyen que je vais employer pour la revoir, la nécessité m'a contraint à le choisir; dis-lui que, caché depuis huit jours dans les environs de Messine, j'ai vainement épié l'occasion de la rencontrer, puisqu'elle est inaccessible à tous les regards. Ah! quels que soient les termes avec lesquels tu lui peindras ma tendresse, ils seront bien au-dessous de la vérité. (*Fidélio s'enfonce dans le jardin à gauche.*) Amour, fais que j'obtienne aujourd'hui le prix de ma constance; favorise le projet le plus bizarre et le plus hardi que tu aies jamais inspiré.

(On entend rire en dehors, à gauche. Mélidore entre dans le bosquet où est le cénotaphe.)

(Il fait jour.)

SCÈNE II.

FATALOS, MACARONI.

MACARONI, *riant à gorge déployée.*

Ah! ah! ah! ha! le drôle de corps! le drôle de corps!

FATALOS, *précieux et important.*

Cependant, mon oncle Macaroni, il me semble que mes réflexions sont on ne peut pas plus équitables et même judicieuses. Certainement je puis dire, avec toute la raison imaginable, et même en m'appuyant des exemples puisés dans l'histoire ancienne et moderne, que l'on n'a jamais vu faire dans la même maison, le même jour et presqu'à la même heure, un enterrement et une noce. Je conçois que la chose est à peu près indifférente pour celui qu'on enterre, du moins il ne peut pas s'en fâcher; mais celui qui se marie!... à coup sûr, cela doit lui porter malheur.

MACARONI.

Ah! mon Dieu! mon Dieu! que ce garçon-là est bête!

FATALOS.

Vous le savez mieux que personne, mon oncle; ce fut toujours un caractère distinctif de notre famille...

MACARONI.

Hein?

FATALOS.

De croire à la fatalité, à la prédestination, aux pressentimens, à tous les signes enfin auxquels on reconnaît évidemment, et d'avance, le bonheur et le malheur. C'est pour cela que mes camarades de collége m'ont donné le surnom de Fatalos; car mon père était, comme vous, un véritable Macaroni, issu des Farina, et allié aux Parmezan. Mais, pour revenir à l'objet de notre discussion, je vous demande si jamais on a réuni pour un mariage un plus grand nombre de pronostics fâcheux. C'est aujourd'hui vendredi, 13 avril 1763, la plus fatale des années climatériques. J'ajouterai à toutes ces observations, déjà très-puissantes, que nous sommes encore sous le signe du Bélier, emblème très-peu agréable pour un nouveau marié.

MACARONI.

Où diable, mon cher Fatalos, vas-tu chercher toutes ces sottises?

FATALOS.

Cela coule de source. Mon grand-père, qui était très-fort sur l'astrologie judiciaire, m'a dit cent fois qu'un homme sage et prudent ne devait former les liens nuptiaux que sous la constellation de la Vierge. Il assurait que tous les mariages contractés sous l'influence

du Bélier, du Taureau, de l'Ecrevisse, du
Scorpion et du Capricorne, avaient été fu-
nestes aux maris. Par-dessus tout cela, vous
ajoutez une cérémonie funèbre; et vous voulez, mon oncle, que je ne sente point d'a-
vance mes cheveux se dresser sur mon
front?...

MACARONI.

Mon ami, retiens de moi une vérité beaucoup plus sûre; c'est que, sans consulter les
signes du zodiaque, la seule influence qui
peut garantir un mari du malheur qu'il redoute, est celle que l'amabilité, les égards,
les soins, la... les...

FATALOS.

Et cætera. Vous vous trompez, mon oncle. Je sais bien que c'est la prétention des
femmes; mais, croyez-moi, tout cela n'y
fait rien: s'il est écrit là-haut que vous devez subir le sort commun, vous n'échappe-
rez point à votre destinée. Tenez, je le demande à ma future...

SCÈNE III.

ANNA, MACARONI, FATALOS.

FATALOS.

N'EST-IL pas vrai, Signorina, que j'ai raison?

22.

ANNA.

Certainement.

FATALOS.

Vous l'entendez ?.. c'est l'innocence qui parle.

MACARONI, riant.

Ah ! ah ! ah ! j'en conviens, ce pronostic-là est plus fâcheux que tous les autres.

ANNA.

Est-ce que j'aurais mal répondu ?

FATALOS.

Mais, pas trop bien.

ANNA.

Excusez, cela m'est venu d'inspiration.

FATALOS.

Grand merci.

ANNA.

Et pour vous faire plaisir.

MACARONI, riant toujours.

Ah ! ah ! comme elle répare bien les choses.

ANNA.

Seigneur Macaroni, je viens de la part de ma mère, vous dire qu'elle vous prie d'aller la trouver le plus tôt possible.

MACARONI.

Sa prière est un ordre pour moi. Je sais

trop ce qu'un majordome doit à une camériste aussi respectable que la Signora Jacinthe, pour ne pas s'empresser...

FATALOS.

Un moment, mon oncle... encore un mot.
Songez donc qu'il s'agit ici de l'affaire la plus
importante de ma vie. Les Romains, qui
n'étaient pas plus bêtes que vous et moi....

MACARONI.

Allons! qu'est-ce que tu vas nous dire?...
Ils croyaient à la fatalité... ils consultaient
les animaux... les oiseaux... Nous savons cela
comme toi.

FATALOS.

A leur exemple, consultons cette jolie colombe (*il désigne Anna, et vient se placer
près d'elle*); prions-la de nous dire, avec
toute la grandeur qui la caractérise, ce
qu'elle pense de votre projet.

MACARONI.

J'y consens.

FATALOS.

Permettez que je l'interroge... Que vous
semble, gentille Anna, de l'hymen que l'on
veut nous faire conclure aujourd'hui?

ANNA.

Je le regarde comme le plus grand malheur
qui puisse m'arriver.

FATALOS, à Macaroni.

Vous l'entendez? (*A Anna.*) Ainsi, vous n'êtes pas pressée ?

ANNA.

Oh ! du tout.

FATALOS, à Macaroni.

Je ne lui fais pas dire. (*A Anna.*) Quelque félicité que cette union vous promette...

ANNA.

Je n'ai pas dit cela.

FATALOS.

Il est de certaines choses que l'on fait par pudeur. Quelque félicité, dis-je, que cette union vous promette, vous ne seriez donc pas fâchée d'en voir reculer le jour?

ANNA.

Au contraire.

FATALOS.

C'est charmant ! Quelle étonnante sympathie !.. J'étais sûr d'avance que nous serions du même avis.

MACARONI, à part.

Oui ; mais j'ai bien peur que ce ne soit pas tout-à-fait par le même motif.

ANNA.

D'abord je trouve fort mal que l'on veuille se réjouir lorsque toute la ville est en deuil. C'est insulter à la douleur publique.

FATALOS.

Elle répète ce que je voulais dire. En vérité, c'est parler comme un ange.

ANNA.

Pour moi, je le déclare, il me serait impossible de me livrer à la joie, lorsque je verrais couler les larmes de notre bonne maîtresse; et il est certain que la signora Phrosine en versera beaucoup aujourd'hui pour son cher Mélidore.

FATALOS.

C'est incontestable.

ANNA.

Naturellement, le jour où l'on va célébrer la pompe funèbre de ce brave guerrier, je dois me rappeler la perte que j'ai faite. Hélas! Fidélio n'est plus!... J'ai perdu mon doux ami.

(Elle sanglotte.)

FATALOS.

Hein?

MACARONI, à Fatalos.

Aïe! aïe! mauvais présage! Quoi! vous penseriez encore à lui? Un enfant?...

ANNA.

Il avait douze ans lors de son départ; moi, j'en avais dix; il y a de cela sept ans, et il a dû grandir.

MACARONI, à part.

Il me paraît que la colombe calcule assez bien! (*Haut.*) Votre Fidélio n'était qu'un pauvre petit mousse...

ANNA.

Plein de courage, d'esprit et d'intrépidité. Le seigneur Mélidore l'aimait tendrement, et je n'en suis point surprise; c'est ainsi que tout le monde devait aimer Fidélio. Aussi nous sommes-nous bien promis, et par serment, avant son départ, de nous aimer toujours.

FATALOS, à part.

Diable! (*Haut.*) Vous n'y pensez pas... Des sermens à cet âge!... C'est une plaisanterie.

ANNA.

Cependant, M. Fatalos, vous qui citez à tout moment les anciens, car vous êtes bien savant, vous m'avez dit que chez eux le parjure était puni de mort.

FATALOS.

Oui; mais chez les modernes, c'est tout le contraire. Il y aurait de la folie, vous en conviendrez, de garder fidélité à un amant qui n'est plus; car il n'est pas douteux que votre intéressant jeune homme a péri, de même que Mélidore, dans le terrible combat qui a privé notre marine de l'un de ses meilleurs officiers. Au reste, j'avais prédit que cette expédition ne serait pas heureuse.

MACARONI, d'un air railleur.

Sans doute, d'après quelques signes certains?

FATALOS.

Justement. La veille, j'avais remarqué un cercle lumineux autour de la lune. Enfin, au moment où l'escadre mit à la voile, je vis bien distinctement une corneille...

JACINTHE, en dehors.

Anna ! Anna !

ANNA.

Me voici, ma mère. (*A Macaroni.*) Mon Dieu ! je vais être grondée !

SCÈNE IV.

ANNA, JACINTHE, MACARONI, FATALOS.

JACINTHE.

Par sainte Ursule ! est-ce ainsi que l'on m'obéit ?

ANNA.

Pardon, ma mère.

JACINTHE.

Je ne pardonne pas.

MACARONI.

Modérez-vous, dame Jacinthe. Nous par-

lions ici d'une chose fort intéressante, et
dont il est à propos que vous soyez instruite.

JACINTHE.

Avant tout, seigneur Macaroni, il est de
la plus haute importance que vous sachiez...

FATALOS.

Permettez, dame Jacinthe...

JACINTHE.

Je ne permets rien.

ANNA.

Cependant, ma mère...

JACINTHE.

Taisez-vous.

MACARONI.

Vous ne savez pas...

JACINTHE.

Je sais tout.

FATALOS, à part.

Comme elle est aimable, ma belle-mère !

JACINTHE, à Anna.

Retournez auprès de la signora Phrosine ;
offrez-lui vos services, et ne la quittez pas
une minute.

ANNA.

Cela suffit, ma mère.

SCÈNE V.

FIDÉLIO, JACINTHE, ANNA, MACA-RONI, FATALOS.

(Fidélio, vêtu en paysan, paraît à travers un bosquet de citronniers planté sur le devant, à gauche. Il n'est pas vu des personnages qui sont en scène.)

FIDÉLIO, à part.

On a nommé Anna !...

JACINTHE.

Non... Venez... Allons... Plus vite donc.

ANNA.

Me voilà, ma mère.

FIDÉLIO, regardant à travers les branches.

Comme elle est embellie !...

JACINTHE, à part.

Je tiens la clef de l'appartement de Phrosine ; ainsi je puis bien la laisser seule un moment. (Haut.) Au lieu d'aller trouver la Signora, rassemblez tout ce que vous pourrez trouver de villageois et de villageoises ; dites-leur de se rendre ici pour la cérémonie ; vous les aiderez à cueillir des fleurs, dont on formera des guirlandes, des chiffres et des lettres.

FIDÉLIO, à part.

Excellente occasion pour me faire reconnaître !

JACINTHE, à Anna.

Eh bien ! allez donc... Vous m'avez entendue ?

ANNA.

Oui, ma mère ; mais je ne comprends pas quelles lettres vous voulez que l'on fasse.

FATALOS.

Moi, je le devine. Permettez, dame Jacinthe, que je me charge de ce soin. J'ose prédire que vos intentions seront remplies.

JACINTHE.

A la bonne heure.

FIDÉLIO, à part.

Quel contre-tems !... Jamais officieux ne fut plus maladroit.

JACINTHE.

Allez, idiote, rentrez au palais, vous n'êtes bonne à rien.

FIDÉLIO, à part.

J'espère bien prouver quelque jour le contraire.

MACARONI.

Ne la grondez pas. Dans un jour comme celui-ci...

JACINTHE.

Majordome, je fais des observations,

n'en reçois de personne. (*A Anna et à Fa-talos.*) Laissez-nous.

FATALOS, avant de sortir.

Pardonnez, aimable Anna.

ANNA.

Je vous déteste ! C'est vous qui êtes cause....

JACINTHE se retourne, et dit d'une voix sévère.

Eh bien ! encore ici ?

(Ils sortent en se faisant des mines.)

FIDÉLIO, à part.

Suivons-les à tout hasard. Je pourrai peut-être, en me glissant parmi ces villageois, approcher de Phrosine, et la préparer à revoir son amant.

(Il s'éloigne.)

SCÈNE VI.

MACARONI, JACINTHE.

MACARONI.

Il me tardait de vous voir en particulier, dame Jacinthe, pour vous dire que très-décidément Fatalos refuse de se marier aujourd'hui : il m'a parlé de pressentimens, de pronostics...

JACINTHE.

Fatalos est un sot, et vous aussi.

MACARONI.

Ce n'est point là la question. Il s'agit de savoir si nous pouvons le contraindre...

JACINTHE.

Quel homme êtes-vous donc, si vous n'avez pas assez d'autorité sur un neveu, votre unique héritier, pour l'obliger de conclure à l'instant même un mariage fondé sur les convenances, et qui nous est avantageux sous tous les rapports? Faut-il vous rappeler que le seigneur Aymar, forcé de céder aux prières et aux larmes de sa pupille, en faisant élever un cénotaphe aux mânes de son bien-aimé Mélidore, a regardé comme un trait de génie l'idée qui m'est venue de faire doter une jeune fille par Phrosine, et de célébrer son mariage le jour même de l'inauguration de ce monument, afin de distraire la Signora d'une affliction légitime sans doute, mais qui contrarie l'amour et les projets de notre maître?

MACARONI.

S'il vous plaisait...

JACINTHE.

Il ne me plaît point.

MACARONI.

D'avoir l'indulgence...

JACINTHE.

Du tout.

MACARONI.

La patience...

JACINTHE.

Encore moins.

MACARONI.

La bonté...

JACINTHE.

Je ne connais pas cela.

MACARONI.

D'entendre...

JACINTHE.

Des sottises ?

MACARONI.

Vous n'avez qu'à parler.

JACINTHE.

A la bonne heure.

MACARONI, riant.

Ah ! ah ! ah ! la plaisante femme !

JACINTHE.

Oui, oui, riez, railleur impertinent ! vos facéties ne me feront point changer d'opinion. Je vous répéterai jusqu'à satiété que vous êtes indigne de ma bienveillance. Eh quoi ! le seigneur Aymar me permet de désigner moi-même la jeune personne à laquelle il lui plaît d'accorder une dot de cinq cents écus, et naturellement mon choix tombe sur ma fille. Par une suite toute simple de l'accord qui doit exister entre un majordome et une camériste, en raison des petits services qu'ils peuvent se rendre, je vous demande votre neveu pour Anna ; et c'est lorsque tout est arrêté, convenu, c'est le jour même fixé pour cette union, à laquelle le gouverneur attache une si grande importance, que vous prétendez rompre un engagement sacré ; et cela sur le prétexte le plus frivole... Par sainte Agnès ! il ne sera pas dit que je manquerai de parole à mon maître, et surtout que je laisserai sottement échapper une si riche dot !... Je fais une réflexion : vous êtes encore vert...

MACARONI.

Un peu.

JACINTHE.

Moi je commence à mûrir...

MACARONI.

Beaucoup.

JACINTHE.

Mais, vous aimez les espèces ?

MACARONI.

Passionnément.

JACINTHE.

Le mariage ne vous effraie...

MACARONI.

Pas du tout. (*A part.*) Je la vois venir : elle va m'offrir sa fille et la dot : j'accepterai l'une et l'autre. (*Haut.*) Eh bien ?

JACINTHE.

Eh bien ! si votre neveu persiste dans ses
refus, je vous épouse.

MACARONI, à part.

Miséricorde !

JACINTHE.

Non point pour avoir un mari, mais bien
les cinq cents écus.

MACARONI.

Permettez, dame Jacinthe. Si j'ai bien
entendu, c'est une jeune fille que Monseigneur prétend doter ; et vous n'êtes pas précisément...

JACINTHE.

Je compte sur vous pour me rajeunir.

MACARONI.

Je n'ai pas le don des miracles.

JACINTHE.

Tout doux, Macaroni !... Je vous trouve
d'une bonne pâte...

MACARONI.

Pour faire un mari, n'est-ce pas ? Du tout.
Gagne la dot qui voudra ; mais ce ne sera pas
moi.

JACINTHE.

Insolent majordome !... tu me paieras cet
outrage. (*On voit Aymar qui traverse le
port, et entre dans le jardin.*) Le gouver-

neur vient de ce côté : songez à ne me contrarier en aucun point. Dites à votre neveu de se prêter à tout, comme si le mariage devait se conclure. Le but du seigneur Aymar étant de distraire sa pupille, il faut avant tout le satisfaire : nous verrons après... Le voici... laissez-nous.

(Macaroni sort par la gauche.)

SCÈNE VII.

JACINTHE, AYMAR.

AYMAR.

J'arrive du port ; mes ordres sont donnés. Les différens corps de la garnison et de la marine sont sous les armes, et vont se rendre ici. Phrosine sera touchée, je l'espère, de la pompe imposante de cette cérémonie ; jamais, je le crois, on n'aura rendu de plus grands honneurs à un rival.

JACINTHE.

En conscience, Seigneur, vous lui devez bien ce petit dédommagement, puisque c'est vous qui avez causé sa mort.

AYMAR.

Plût au Ciel que j'en eusse la certitude !

JACINTHE.

Il ne vous est guère permis d'en douter.

AYMAR.

En effet, l'intrépide corsaire que j'avais chargé de l'attendre au détroit de Gibraltar, pour l'attaquer à son retour des Indes, paraît avoir ponctuellement exécuté mes ordres. Le bâtiment que montait Mélidore, séparé du reste de l'escadre par un coup de vent, et déjà fortement avarié, fut assailli par trois vaisseaux algériens à la hauteur de Ceuta. Malgré la vigoureuse résistance de l'équipage, animé par l'exemple de son chef, les Siciliens furent tués ou pris, et le bâtiment coulé à fond. Le corsaire m'assure, et j'ai tout lieu de croire que Mélidore a péri dans ce combat meurtrier, puisqu'il ne s'est point trouvé parmi les captifs. Mais tu le sais, Jacinthe, plus on attache d'importance à la réussite d'un projet, et plus on craint de le voir échouer.

JACINTHE.

Toutes les probabilités se réunissent en votre faveur. Vous avez donc pu, sans crainte d'être jamais démenti, répandre le bruit de la mort de votre rival, et le laisser arriver jusqu'à Phrosine.

AYMAR.

Qu'en est-il résulté d'avantageux pour mon amour? Depuis près de trois mois que cette nouvelle lui est parvenue, ai-je fait quelque progrès sur son cœur?

JACINTHE.

Au contraire ; mais ne deviez-vous pas vous y attendre ? Laissez-la se livrer à tous ses regrets ; plus ils sont vifs, et plus tôt ils s'apaiseront. Pour affaiblir sa douleur, bien loin de la contraindre, offrez-lui tous les moyens de l'épancher.

AYMAR.

C'est aussi d'après ce principe et tes conseils que j'ai fait placer, dans l'endroit qu'elle-même a désigné, ce cénotaphe, parfaitement conforme au dessin qu'elle en a donné. Seulement je me suis dispensé de le faire construire en marbre. L'espoir d'être enfin aimé de Phrosine, illusion fatale que je nourris depuis huit ans, et que ses rigueurs n'ont pu détruire ; cet espoir, dis-je, me persuade qu'un jour, qui n'est pas éloigné peut-être, je surmonterai ses dédains : alors je remplacerai par un temple magnifique, dédié à l'amour et au bonheur, ce fragile monument qui blesse à la fois mon cœur et mes yeux.

JACINTHE.

N'en doutez pas, Seigneur, le tems, à qui rien ne résiste, changera votre situation et réalisera vos espérances ; mais ne précipitez rien, ne vous offrez que rarement d'abord aux regards de votre pupille.

AYMAR.

Eh ! comment pourrais-je les chercher,

quand je n'y vois jamais que l'expression de
la haine ?

JACINTHE.

La haine n'est pas si loin de l'amour qu'on
le pense communément. Convenez-en d'ailleurs, vous avez bien mérité celle de Phrosine. Quel que soit le sentiment qui vous fait
agir, vous ne l'avez pas moins privée d'un
amant qu'elle adorait et qui devait être son
époux. Je ne puis que reproduire ici des réflexions que je vous ai déjà communiquées.
Dépouillez-vous un instant de tout intérêt
personnel, et prononcez vous-même. De
l'aveu de leurs familles, dont ils étaient les
seuls héritiers, Mélidore et Phrosine allaient
être unis, lorsque la mort d'une mère tendrement chérie, en privant Phrosine de l'u-
nique appui qui lui restait, la laisse à seize
ans brillante d'attraits et maîtresse d'une fortune immense. Subjugué par ses charmes, le
premier usage que vous faites de l'autorité
que vous donnent sur elle les droits d'un tuteur est d'empêcher cet hymen...

AYMAR.

Est-il probable que Phrosine, si jeune et
sans expérience, ait pu soupçonner que
l'ordre du Vice-Roi, arrivé la veille du mariage, et qui prescrivait à Mélidore de mettre
à la voile sur-le-champ, ait été secrètement
sollicité par moi ?

JACINTHE.

Je veux croire qu'elle n'en ait jamais eu la pensée ; mais vous pouviez, comme gouverneur de la ville, retarder le départ de quelques heures ; comme tuteur, avancer le mariage d'un jour, et ils étaient heureux ; vous vous y êtes refusé sous des prétextes vagues. Phrosine a donc pu sans injustice en conserver du ressentiment, et vous regarder comme le seul obstacle qui s'est opposé à son bonheur.

AYMAR.

J'aurais fait plus encore pour rompre cette union ; mais si quelque chose a pu dédommager mon rival de la perte d'un bien si précieux, ce sont les distinctions flatteuses que j'ai demandées et obtenues pour lui. L'ordre qui l'éloignait de son amante, pour tenter une expédition longue et périlleuse, était conçu dans les termes les plus honorables ; il était accompagné de sa nomination au grade de chef d'escadre, faveur inouïe !

JACINTHE.

Il n'en est point qui dédommage de celles de l'amour. Le rang de vice-roi vous séduirait-il, Seigneur, si vous ne pouviez l'accepter qu'en vous séparant de Phrosine ?

AYMAR.

Non sans doute. Ah ! plutôt avec elle l'obscurité la plus profonde, la privation de tous les honneurs, de tous les biens. Phrosine seule suffirait à mes vœux.

JACINTHE.

Pardonnez à mon dévouement, Seigneur, et au zèle sincère qui m'anime. J'ai osé vous retracer vos torts envers cette aimable personne, afin de vous faire supporter plus patiemment une résistance que le tems seul peut vaincre. Vous en abrégerez la durée, en prévenant ses désirs, et surtout en flattant ses regrets.

AYMAR.

Dirige-moi, Jacinthe, c'est à toi de m'indiquer...

JACINTHE.

Elle est sensible et compatissante; laissez-la maîtresse absolue d'exercer sa bienfaisance dont je serai volontiers l'organe. Aujourd'hui, c'est pour elle un besoin de se rapprocher des malheureux; mais lorsque, par ses bienfaits, ils auront cessé de l'être, l'aspect de leur bonheur changera peu à peu les dispositions de son ame. Sans doute elle vous demandera la permission de venir souvent arroser ce tombeau de ses larmes; peut-être elle y fera graver son nom... Consentez à tout sans témoigner ni humeur ni jalousie. Un rival qui n'est plus cesse bientôt d'être dangereux. Que par vos soins cette triste enceinte soit parée des fleurs les plus rares et les plus frai-

ches; que chaque jour, en arrivant, Phrosine y remarque une disposition nouvelle:
entre le laurier, l'immortelle, placez adroitement la rose et la pensée. Je serai là, toujours près d'elle: quelques mots échappés
à propos doubleront le prix de ces attentions
touchantes; on vous saura gré de votre re-
tenue; au milieu de ces souvenirs affligeans,
la reconnaissance présentera l'image d'un
consolateur délicat et discret; sans le vouloir,
son cœur s'ouvrira doucement à la tendresse:
elle sentira l'inutilité de ses regrets, et dé-
sirera bientôt de vivre pour un autre. Or,
comme elle ne verra dans le monde que vous,
le majordome, ma nièce et moi, il est impossible que vous n'obteniez pas enfin la récompense de votre amour.

AYMAR.

Ah! puissé-je arriver un jour à ce but tant désiré! (*Toute la ligne des vaisseaux hisse le
pavillon noir et recommence une salve. On entend dans l'éloignement le son des tambours
drapés et une marche funèbre.*) Le cortége
s'avance; va retrouver Phrosine: ne la quitte
pas un instant, et veille surtout à ce que personne ne s'approche d'elle et ne lui parle.
Je vais parcourir les jardins, pour empêcher
qu'aucun étranger ne s'y introduise.

JACINTHE.

Croyez, Seigneur, que mon zèle ne se dé-
mentira point.

(Elle s'éloigne par la gauche.)

SCÈNE VIII.

SOLDATS, MATELOTS, MOUSSES.

(On voit défiler sur le port, et entrer ensuite par la droite dans le jardin des détachemens des différens corps de la garnison, des troupes de la marine, des matelots, des mousses. Les soldats ont l'arme renversée ; les tambours sont voilés ; les drapeaux ont un crêpe. Tout le monde porte des branches de cyprès. Les troupes exécutent quelques évolutions et se rangent ensuite de manière à garnir entièrement les trois faces du théâtre. Pendant toute la marche, on entend l'artillerie du port.)

SCÈNE IX.

FIDÉLIO, FATALOS, MACARONI, AYMAR. TROUPES, MATELOTS, PAYSANS ET PAYSANNES.

(De jeunes villageois, parmi lesquels se trouve Fidélio, arrivent en ordre ; ils sont conduits par Fatalos. Aymar et Macaroni entrent par la droite et désignent les places. Tout le monde regarde vers la gauche.)

AYMAR, à part.

La voici !.. quelle profonde tristesse !... comme sa démarche lente et pénible peint bien l'état de son cœur !.. Qu'il fut heureux ce Mélidore !... En voyant quels regrets il inspire, je sens s'accroître encore ma jalousie. Oui, rival d'autant plus odieux que tu es plus aîné, ma haine te suivra jusque dans le tombeau.

SCÈNE X.

LES PRÉCÉDENS, ANNA, JACINTHE; PHROSINE, vêtue de blanc, mais couverte d'un long voile noir, entre par la gauche; elle s'appuie sur Jacinthe; sa démarche est lente, incertaine; elle chancelle à chaque pas. Jacinthe fait signe à Aymar de s'éloigner; et il se tient à l'écart. Tout le monde a les yeux sur Phrosine, et semble s'intéresser à sa douleur. Quand elle est arrivée près du tombeau, Jacinthe s'arrête.

JACINTHE.

C'est ici.

PHROSINE lève son voile et regarde le tombeau.

Oui, le voilà tel que je l'ai demandé. Jacinthe, tu remercieras mon tuteur. Il m'a fait bien du mal; mais je lui pardonne tout en faveur de ce bienfait. (*Elle lit l'inscription.*) A Mélidore... Jacinthe, il y aura là : PHROSINE. C'est toi que je charge de ce soin... entends-tu, ma bonne?... entends-tu? Je veux que l'on mette là PHROSINE. Sans doute comme je l'ai désiré, on a réservé dans l'intérieur une place...

JACINTHE.

De grâce, Signora, ne vous livrez point à ces douloureuses pensées.

PHROSINE.

Douloureuses, dis-tu?... Au contraire, ce

sont celles-là qui me donnent la force de supporter ma douleur. Depuis l'instant fatal où, par une horrible perfidie, je fus séparée pour jamais de l'unique ami de mon cœur, je m'étais toujours flattée secrètement qu'un jour nous serions réunis dans la tombe; mais le sort qui se plaît à m'accabler de ses coups les plus cruels, m'enlève jusqu'à la triste consolation de déposer moi-même dans sa dernière demeure la dépouille mortelle de mon cher Mélidore, et de prodiguer à sa cendre les honneurs qui lui sont dus. Ah! ne m'ôtez pas du moins le seul espoir qui puisse adoucir une existence que les regrets auront bientôt abrégée. Dans peu, lorsque j'habiterai ce froid monument, son âme viendra retrouver la mienne. Jacinthe! conçois-tu mon bonheur? Du moins, il ne sera plus au pouvoir des hommes de nous séparer.

JACINTHE *a appelé Fatalos, et lui a dit tout bas de disposer les fleurs que portent les jeunes filles.*

Regardez, Signora!

PHROSINE *se tourne vers la gauche, et voit, arrangés symétriquement sur quatre lignes, ces mots formés avec des lettres en roses : A MÉLIDORE ET PHROSINE. Les deux lignes supérieures sont présentées par les villageoises, et les deux autres par les mousses à genoux. Ce tableau doit être le résultat d'un mouvement spontané.*

Merci, bonne Jacinthe. (*Elle l'embrasse avec vivacité.*) Tu es là seule qui m'entende

ici. (*Elle regarde le tombeau, et conçoit
la pensée d'y attacher ces lettres.*) (*Aux
villageois.*) Approchez.

FIDÉLIO, à part.

Il semble qu'elle m'ait deviné. Enfin elle
va savoir...

Comme il porte la lettre A , il s'avance le premier
avec beaucoup d'empressement; mais un signe
d'Aymar à Jacinthe indique à celle-ci qu'il ne veut
pas que personne s'approche de Phrosine.)

JACINTHE, allant au-devant des villageois.

Donnez. C'est moi...

FIDÉLIO, à part.

Impossible de la prévenir !... Tâchons au
moins, par quelques signes, de lui faire
comprendre...

(Fidélio cherche, sans trop d'affectation, à se faire
remarquer de Phrosine, mais il ne peut y parvenir. Il se désespère. Jacinthe reçoit l'une après
l'autre les lettres, et les remet à mesure à Phrosine qui les attache sur le cénotaphe. Elle paraît
plus calme; un éclair de bonheur semble luire à
son âme.)

AYMAR, dans le milieu du théâtre.

Peuple de Messine...

PHROSINE, avec effroi.

Jacinthe !... cette voix me fait mal... (*Elle
met la main sur son cœur.*) Ah ! mon cœur
m'avertit que ce n'est pas elle qui devrait prononcer l'éloge de Mélidore.

AYMAR.

Soldats... et vous, compagnons de Mélidore, qui fûtes si souvent témoins de sa valeur, j'ai dû vous réunir dans cette enceinte
pour joindre vos regrets aux nôtres, et
rendre de justes honneurs à la mémoire
d'un héros qui, quoique jeune encore, avait
réalisé les plus brillantes espérances, et par
d'étonnans exploits, s'était couvert d'une
gloire immortelle.

PHROSINE a écouté avec beaucoup d'attention. Sa
figure s'épanouit insensiblement ; elle sourit, s'a-
nime à chaque expression flatteuse, et y applau-
dit.

Et voilà ce qui justifie mon amour et mes
regrets.

AYMAR.

O vous qui êtes présens à cette touchante
cérémonie, consacrez par vos larmes l'inauguration de ce monument funèbre. Prosternez-
vous devant le tombeau de Mélidore.

PHROSINE.

Oui, prosternez-vous devant le tombeau
de Mélidore. (*Tout le monde se prosterne ;
Phrosine seule reste encore debout.*) O mon
ami ! que n'es-tu témoin de notre douleur et
de nos regrets !...

SCÈNE XI.

LES PRÉCÉDENS; MÉLIDORE, renfermé dans le cénotaphe, soulève doucement la partie supérieure du cénotaphe et se montre à Phrosine. Elle pousse un cri perçant et tombe à la renverse.

JACINTHE, la relevant.

Juste Ciel!

(On s'empresse autour d'elle.)

AYMAR, transporté de fureur.

Rival détesté!.. Quoi! même après la mort, tu me ravirais Phrosine!.. C'est trop de ménagement. Soldats, renversez ce tombeau que ma faiblesse a élevé.

PHROSINE, frappée par ces mots terribles, revient à elle, se relève, s'élance devant le cénotaphe, le couvre de tout son corps, et dit avec énergie:

Soldats! respectez ce monument; il renferme ce que j'ai de plus cher au monde.

AYMAR.

Quoi! Phrosine!.. vous osez...

PHROSINE.

Farouche Aymar! ôte-toi de ma vue... tu me fais horreur!

AYMAR.

Obéissez, soldats.

PHROSINE.

Entends-tu, Jacinthe ?.. Ne t'ai-je pas dit
à l'instant que cette voix était celle de l'assassin de Mélidore?

JACINTHE, arrêtant Aymar qui montre une agitation extrême.

Respectez son égarement. Laissez-lui le
tems de se calmer. Voulez-vous lui faire perdre entièrement la raison ?...

PHROSINE.

Éloignez-vous... tous... tous... laissez-
moi seule... ou ce fer me délivrera pour jamais de votre tyrannie.

(Elle prend le poignard de son tuteur, et le dirige
sur sa poitrine.)

JACINTHE.

Cédons à sa prière.... Ah ! son état est affreux...

(Tout le monde se retire au fond.)

PHROSINE.

Là, bien. (*Elle revient en scène et cherche
à rassembler ses idées.*) Serait-ce une illusion?.. Sans doute. Cependant, mes yeux...
oh! ils m'ont trompée!.. il est trop vrai que je
l'ai perdu pour toujours. Mon Dieu! toi pour
qui tout est possible, un instant, un seul instant, fais-moi voir encore l'image chérie d'un
mortel adoré! Si la grâce que j'implore est

un prodige d'amour, n'est-elle pas bien due
à ma constance et à ma fidélité?...
(Elle tombe à genoux, et élève ses mains jointes
   vers le ciel. Ses regards éloquens expriment ce
   qui se passe en son ame, et sollicitent l'accomplissement des vœux qu'elle vient de former.
   Après une invocation touchante, ses yeux se portent sur le cénotaphe, dont Mélidore soulève encore le dessus. Elle le voit bien distinctement;
   elle est près de s'écrier; mais contenue par les
   nombreux témoins qui sont derrière, elle se rapproche doucement sans se lever, et regarde Mélidore avec ravissement. Sa contrainte ajoute encore à l'expression de sa pantomime; elle l'écoute
   immobile et comme en extase.)

MÉLIDORE, à voix basse.

Sois sans frayeur et modère ta joie, Phrosine !... ce n'est point une illusion. Tu revois
Mélidore, dont l'amour a couronné la téméraire audace. Demande à visiter aujourd'hui
le vertueux Oreb, qui habite le rocher des
Naufrages. C'est là que nous nous reverrons.
Adieu.
(Le tombeau se referme. Phrosine, après avoir ras-
   semblé ses esprits, laisse enfin échapper un soupir
   de contentement. Toute l'expression de sa figure
   a changé. Elle se tourne vers le fond et appelle.
   Fidélio se détache des villageois, et accourt à la
   droite de Phrosine, espérant lui parler; mais Jacinthe, qui accourt également, l'en empêche et se
   place de l'autre côté. Tout le monde se rapproche
   doucement en témoignant de l'inquiétude et de
   l'intérêt.)

PHROSINE.

Je vous ai effrayés, n'est-ce pas? Pardonnez-moi, ce n'était pas mon intention ; j'ai cédé à un mouvement involontaire... Ma douleur était si vive, si profonde.... Mais voilà qui est fini, je ne vous affligerai plus, je n'aurai plus de chagrin ; oh! non, jamais, du moins je l'espère. *(Jacinthe et Aymar se regardent, et paraissent se dire qu'elle a perdu l'esprit. Tout le monde semble partager cette opinion, et la voir encore avec plus d'intérêt. (A Aymar, qu'elle amène au-devant de la scène.)* Aymar, vous n'êtes plus fâché ? Il faut que vous me promettiez, sur l'honneur, et devant tous nos amis, de ne jamais porter une main sacrilége sur ce tombeau ; songez qu'il est le dernier asile de l'amour. Vous le jurez ?

AYMAR.

Oui.

PHROSINE.

Sur l'honneur ?

AYMAR.

Sur l'honneur.

PHROSINE, à tous ceux qui l'entourent.

Vous l'entendez ?.. Je remets mon ami sous votre sauvegarde. *(A Anna.)* Toi, assemble tes compagnes ; réjouissez-vous ; livrez-vous à tous les plaisirs de votre âge, je prendrai part à vos jeux... Je veux rire, chanter, danser avec vous. Je n'ai plus rien à désirer à présent... Otous ce voile... *(Elle arrache son voile, et le remplace par une rose qu'elle met dans ses cheveux.*) Vous.... (*aux soldats*), jetez ces branches de cyprès... Remplacez-les par le myrte et l'olivier... Que tout le monde ici s'abandonne à la joie... Phrosine est heureuse et ne veut plus voir autour d'elle que les couleurs de l'amour et le tableau du bonheur. (*Très - haut.*) Adieu, Mélidore ; je te laisse pour un moment... Nous nous reverrons bientôt... (*A Aymar qu'elle prend par la main.*) Aymar, venez avec moi.... Je ne veux pas que vous me quittiez.

(Elle sort en traînant Aymar. Tout le monde la suit en déplorant sa folie.

FIN DU PREMIER ACTE.

ACTE SECOND.

Le théâtre représente un site âpre et montueux. On ne voit partout que des rochers couverts de plantes marines. A travers une immense arcade naturelle, et qui traverse à peu près tout le théâtre au cinquième plan, on découvre un chemin qui se découpe sur l'horizon, et qui descend, par des degrés taillés dans le roc, vers la mer supposée à droite. Le sentier, pratiqué au-dessus de l'arcade, se prolonge à travers les aspérités, et vient aboutir à l'enceinte où est la grotte du solitaire. Cette enceinte, de même que tous les chemins que l'on vient d'indiquer, est bordée de haies fleuries et de barrières rustiques. La grotte est à gauche, au deuxième plan, en face du public. Elle est abritée par un toit de joncs.

SCÈNE I.

MÉLIDORE, seul ; il est vêtu comme au premier acte.

(Au lever du rideau, il est sur l'arcade, et regarde vers la droite.)

Mes yeux, fixés sur la vaste mer, y cherchent en vain l'objet de mes désirs. Phrosine ne vient point. Aucun mouvement dans le port ne m'annonce que son tuteur ait consenti à la visite qu'elle doit faire au sage Oreb. Peut-être n'est-il pas tems encore.... Modérons cette impatience, et laissons à Fidélio, que j'ai placé sur le rivage, le soin de m'avertir. (*Il descend dans l'enceinte.*) Je t'ai donc revue, ô toi ! la bien-aimée de mon cœur !... J'ai pu contempler un instant ces traits chéris, que sept années d'absence et de malheurs n'ont point effacés de mon souvenir... Mais à quels dangers nous a exposés cette démarche hardie !.... J'en frémis encore, et pour toi surtout, ma Phrosine !... Cette imprudence a failli te devenir funeste. J'espérais qu'à la faveur de son déguisement, Fidélio pourrait arriver jusqu'à toi et te prévenir du moyen étrange que la tyrannique surveillance d'Aymar m'a forcé de choisir pour te montrer ton amant. J'imaginais qu'il te serait permis de visiter seule ce monument, et je m'étais fait d'avance un tableau ravissant de ta surprise et de ton ivresse en retrouvant dans un tombeau, mais vivant et toujours fidèle, l'époux que tu venais y pleurer. La jalousie d'Aymar a détruit toutes mes précautions, dérangé tous mes plans ; cependant le Ciel n'a pas voulu que tant d'amour restât sans récompense.... Je t'ai revue... j'ai entendu ta voix plaintive et touchante. Témoin invisible de tes regrets et de tes larmes, j'ai savouré le bonheur inexprimable d'être aimé comme je t'aime. Mais, hélas ! il a passé comme un éclair, cet instant délicieux, après lequel j'ai vainement soupiré depuis huit jours.... Quand et comment nous reverrons-nous ?... Jamais peut-être ! O mon Dieu ! exauce ma fervent

prière; c'est la même que t'a adressée Phrosine.
Si l'amour véritable a droit à tes bienfaits; si
jamais tu as opéré des miracles en faveur de
deux cœurs bien aimans, tu dois un prodige
à nos malheurs et à notre fidélité.

SCÈNE II.

MÉLIDORE, FIDÉLIO.

(On voit Fidélio gravir les degrés du fond, et traverser l'arcade en courant.)

FIDÉLIO, qui a repris le costume leste d'un jeune
marin.

SEIGNEUR Mélidore!... Seigneur Mélidore!

MÉLIDORE.

Imprudent!.. plus bas... songe donc que
je dois redouter même les échos.

FIDÉLIO.

Pardonnez à mon zèle.

MÉLIDORE.

Que viens-tu m'apprendre ?...

FIDÉLIO.

Une bonne nouvelle!... Je viens de voir
plusieurs barques aborder notre île.

MÉLIDORE.

Mais Phrosine...

FIDÉLIO.

Ne tardera point à arriver. Elle a obtenu
de son disgracieux tuteur la permission de

faire un pélerinage à ce rocher fameux, habité naguère par le vénérable Oreb, le plus sage, le plus savant des Grecs modernes, et aujourd'hui par deux amans bien impétueux, bien imprudens, et prêts à tout entreprendre pour revoir leurs belles. Caché derrière la pointe d'un roc, j'ai bien remarqué la figure de tous ceux qui ont débarqué, et distinctement entendu leurs discours. Nous allons recevoir la visite du majordome, de Fatalos, et de ma gentille Anna.

MÉLIDORE.

Quelle contrariété!..

FIDÉLIO.

Je me suis bien douté que vous ne les recevriez pas avec plaisir. Cependant nous ne pouvons plus faire usage du moyen qui nous a servi pendant la maladie d'Oreb et depuis sa mort. Comment supposer qu'il ne peut voir personne, lorsque vous n'avez imaginé de lui succéder que dans l'espoir de parler librement à Phrosine?

MÉLIDORE.

Mon impatience me trahira. Puis-je espérer d'ailleurs de tromper les regards de cette foule avide et curieuse qui cent fois a consulté le véritable Oreb?

FIDÉLIO.

Mais Aymar, qui sans doute accompagnera sa pupille...

MÉLIDORE.

Pour lui, supérieur aux préjugés du vulgaire, je l'ai vu rire souvent des prédictions d'Oreb et de la crédulité du peuple de Messine, qui les regardait comme infaillibles ; j'oserais affirmer qu'il n'a jamais vu ce vieillard. Il me sera donc facile de l'abuser. Le costume, le maintien et quelques maximes qui étaient familières à ce philosophe, confirmeront son erreur. Mais ces importuns....

FIDÉLIO.

Vraiment ! j'imagine un moyen de vous en débarrasser. Parmi le mobilier qui nous est échu en qualité d'héritiers de ce prétendu sage, j'ai remarqué des vêtemens d'esclave, sous lesquels personne ne s'avisera de soupçonner le compagnon alerte et fidèle du brave Mélidore, travesti lui-même en philosophe austère et presque caduc. J'ai à deviner certaine énigme que l'on dit fort difficile, le cœur de ma petite Anna. Elle était bien jeune, bien innocente, lorsque nous sommes partis : mais parvenues à un certain âge, les femmes font des progrès si rapides, qu'il est presque impossible de les atteindre.

FATALOS, au fond, sans être vu.

Demeurez avec dame Jacinthe pour lui tenir compagnie, mon oncle.

FIDÉLIO.

Les voici !.. Vite, à notre toilette.

25.

MÉLIDORE.

Ferme la porte de l'enclos, afin que nous soyons libres de ne paraître que quand bon nous semblera.

(Il entre dans la grotte.)

FIDÉLIO ferme la porte à laquelle aboutit le sentier de l'arcade.

Utile précaution.

FATALOS.

Donnez-moi la main, Signorina.

FIDÉLIO.

Rival malencontreux!.. je vais te donner à penser.

(Il entre dans la grotte.)

SCÈNE III.

ANNA, FATALOS.

FATALOS paraît dans le fond; il gravit le roc et aide Anna à monter.

Appuyez-vous sur moi.

ANNA.

C'est désagréable....

FATALOS.

J'en conviens.

ANNA.

De gravir ainsi.

FATALOS.

Mais quand on est guidée par un futur
époux...

ANNA.

J'en suis excédée !

FATALOS.

De fatigue ? Je le crois.

ANNA.

Que ce chemin est difficile !

FATALOS.

Comme celui du bonheur. On n'y arrive jamais qu'en marchant sur les épines.

ANNA.

J'y suis.

FATALOS.

Pas encore, mais cela viendra quand vous
serez ma femme. Allons, du courage.

ANNA.

Il en faut beaucoup.

FATALOS.

Alors vous ne trouverez plus que des
roses.

ANNA.

J'ai beau regarder, je n'en vois pas.

FATALOS.

Patience !

ANNA.

Je commence à la perdre.

FATALOS.

Tant pis, il en faut en ménage.

ANNA.

Toutes les femmes le disent.

FATALOS.

C'est sûr.

ANNA.

En ce cas, je m'arrête.

FATALOS.

Nous sommes trop avancés pour reculer ;
cependant, si vous voulez vous reposer un
moment, pendant que je ferai ma consulta-
tion, vous en êtes la maîtresse.

ANNA.

J'y consens, car je ne suis venue que par
complaisance. Je n'ai rien à demander au
philosophe ; que pourrait-il me dire ?

FATALOS.

Rien de bon, peut-être. Mais on est toujours bien aise de savoir à quoi s'en tenir. Il
vous parlera du passé.

ANNA, à part.

Je le regrette.

FATALOS.

Du présent.

ANNA, à part.

Il m'afflige.

PATALOS.

Et vous montrera dans l'avenir...

ANNA, à part.

Pas grand'chose.

FATALOS.

C'est là que vous me verrez.

ANNA, à part.

Cela ne me plaira pas du tout. (*Haut.*) Je vous laisse, et vais attendre ici le résultat de votre conférence. Aussi-bien on assure que le solitaire ne reçoit jamais qu'une personne à la fois.

FATALOS sonne à la porte de l'enclos.

Je vais donc voir ce Grec si habile, si renommé par ses vastes connaissances.

ANNA.

Comment ferez-vous pour l'entendre, s'il parle grec?

FATALOS.

Ce n'est pas ce qui m'inquiète... Je défie qu'il soit plus grec que moi; j'ai la mémoire encore fraîche de tout ce que j'ai appris au collége. Eh bien! il ne répond pas... est-ce que par hasard il serait mort? On assurait à Messine, ces jours derniers, qu'il était bien malade. Allons, vous verrez qu'il sera mort exprès pour me contrarier... Ma foi! cela ne serait pas impossible, et j'en serais peu surpris... Il ne doit nous arriver aujourd'hui que des choses fâcheuses.

ANNA.

Je m'en aperçois.

(Fatalos sonne encore; Anna est assise sur la pointe du rocher.).

SCÈNE IV.

FIDÉLIO, FATALOS, ANNA.

FIDÉLIO, dans la grotte.

Qui est là ?

FATALOS.

Moi, Innocent-Parfait-Basile-Chrysostôme-Policarpe Fatalos, habitant de Messine, neveu de mon oncle Macaroni, maître d'hôtel, autrement dit majordome du seigneur Aymar, et de plus, futur présent de la signorina Anna, fille de dame Jacinthe, camériste de la signora Phrosine, pupille de monseigneur le gouverneur. (*A Anna.*) Voilà qui est assez clair, je pense... Je crois avoir suffisamment décliné mes nom, prénoms, surnom, domicile et qualités.

FIDÉLIO, en esclave grec.

Qui vous amène en ces lieux ?

FATALOS.

Le désir de consulter le vénérable Oreb.

FIDÉLIO.

Cela ne se peut pas.

FATALOS.

Pour quelle raison ?

FIDÉLIO.

Parce qu'il doit recevoir tout à l'heure la visite du gouverneur et de sa pupille.

FATALOS.

Comment ! il sait déjà cela ?

FIDÉLIO.

Il sait tout.

FATALOS.

Qui donc a pu lui apprendre ?..

FIDÉLIO.

Son démon familier.

FATALOS.

Je ne vois pas ce que la visite du gouverneur a de commun avec la mienne, et comment cela peut m'empêcher de le voir.

FIDÉLIO.

A peine relevé d'une maladie très-grave, sa santé ne lui permet pas de soutenir une longue conversation, et vous ne devez pas trouver étonnant qu'il réserve pour le seigneur Aymar le peu de facultés qui lui reste.

FATALOS.

En ce cas je reviendrai un autre jour. Partons, Signorina.

ANNA.

Je ne demande pas mieux.

FIDÉLIO.

(*A part*) Diable ! ce n'est pas là mon compte. (*Haut.*) Au défaut de mon respectable maître, seigneur Fatalos, je pourrais peut-être vous répondre d'une manière satisfaisante.

FATALOS.

Vous ?

FIDÉLIO.

Disciple zélé du savant Oreb, j'ai puisé dans ses leçons sublimes tous les préceptes de la saine morale... Thalès, Solon, Pittacus, Périandre, Bias, Chilon et Cléobule, que la Grèce antique a honorés du beau nom de sages, n'ont pas eu une pensée brillante, débité une maxime profonde ou obscure, que je ne possède sur le bout du doigt.

FATALOS.

C'est différent. Que ne me disiez-vous cela d'abord ? (*A part.*) Il me vient une bonne idée. Ce gaillard-là est tout bonnement le valet du philosophe, et comme la sagesse ne fait pas fortune, il est certain qu'il n'est pas riche... En lui graissant la pâte, je lui ferai dire tout ce que je voudrai.

FIDÉLIO, à part.

De quel moyen m'aviser pour entretenir ma chère Anna sans ce témoin fâcheux ?

FATALOS, avec importance.

Mon ami, d'après ce que tu viens de me dire, il est clair, et je devine que tu es l'esclave d'Oreb.

FIDÉLIO.

La sagesse et la philosophie ne connaissent point d'esclaves.

FATALOS.

Tu ne m'apprends rien de nouveau, ce n'est pas à un érudit de ma force que l'on en fait accroire. Il n'y a pas deux ans que je suis sorti du collége, où j'étais cité comme un aigle pour l'esprit, un volcan pour la chaleur, un puits pour la profondeur, et un torrent pour la rapidité; mais tu peux me servir, et je ne serai point ingrat, en voilà la preuve.

(Il lui montre un ducat.)

FIDÉLIO.

Gardez votre or.

FATALOS.

Diable! tu refuses de l'or?... On voit bien que tu n'es pas un philosophe du grand monde.

FIDÉLIO.

J'ambitionne une plus douce récompense.

(Il regarde Anna.)

FATALOS.

Je devine.

FIDÉLIO, à part.

Je ne crois pas.

FATALOS, avec emphase.

Le plaisir si doux que l'on goûte à faire
des heureux.

FIDÉLIO, à part.

Ou à l'être.

FATALOS.

Il faut d'abord ï'apprendre que je vais me
marier.

FIDÉLIO.

Je sais cela. Votre future ne vous aime
pas.

FATALOS.

C'est vrai.

FIDÉLIO.

Elle en aime un autre.

FATALOS.

C'est juste.

FIDÉLIO.

Vous craignez un malheur.

FATALOS.

Tout naturel.

FIDÉLIO.

Que vous voulez éviter.

FATALOS.

N'ai - je pas raison ?.... C'est singulier
comme il a deviné cela... J'ai cru remarquer
à des signes certains que mon mariage ne serait pas heureux, s'il avait lieu aujourd'hui

en conséquence j'ai déclaré formellement
qu'il ne se ferait pas.

FIDÉLIO.

Et votre future ?...

FATALOS.

Ne demande pas mieux... J'étais sûr de son
consentement. Mais il s'agit de détruire certaine impression de l'enfance, et de lui per-
suader, au moyen de quelque maxime, que
notre union est arrêtée dans le ciel, que le
bonheur de sa vie en dépend, et qu'enfin elle
ne doit jamais revoir un rival que je redoute
d'autant moins qu'il est mort.

FIDÉLIO.

C'est une affaire arrangée. Faites venir la
jeune personne, et je lui dirai...

FATALOS.

Tout ce que tu voudras, pourvu que tu
réussisses.

FIDÉLIO.

Je ne négligerai rien pour cela.

FATALOS.

Tu peux compter sur ma reconnaissance.

FIDÉLIO.

Je vous en dispense. (*A part.*) je vais donc
lui parler.

FATALOS, à Anna, qui pendant cette scène s'est
amusée à cueillir des fleurs.

Approchez, Anna, le solitaire consent à
vous entendre.

ANNA.

Je n'ai rien à lui dire.

(Elle descend.)

FIDÉLIO

Peut-être changerez-vous d'avis, quand vous l'aurez entendu. Les momens sont précieux.

FATALOS.

Vous avez raison. Anna, je vais herboriser aux environs, et vous laisse un moment, seule avec ce sage...

ANNA.

Quoi!... c'est là un sage?... il est bien jeune.

FATALOS.

Soyez tranquille, il n'est pas plus dangereux que moi.

ANNA.

En ce cas, je n'ai rien à craindre.

FATALOS.

Je ne vais qu'à deux pas... Je ne vous perdrai pas de vue.

FIDÉLIO, bas à Fatalos.

Au contraire, éloignez-vous un peu pour que je lui parle plus librement.

FATALOS.

Bon., bon, j'entends.
(Il s'éloigne par la droite, sans repasser sur l'arcade.)

SCÈNE V.

FIDÉLIO, ANNA.

FIDÉLIO, à part.

ENFIN nous voilà seuls! Profitons-en, pour connaître, s'il est possible, et sans me trahir, ses plus secrets sentimens. (*Haut.*) Approchez, Anna.

ANNA, à part.

Comme sa voix est douce!

FIDÉLIO.

Vous allez donc épouser le seigneur Fatalos?

ANNA.

Ma mère le veut.

FIDÉLIO.

Et vous n'en êtes pas fâchée?

ANNA, vivement.

Au contraire.

FIDÉLIO.

Vous en êtes donc bien aise?

ANNA.

Pas du tout. Je suis bien jeune encore; mais j'ai entendu dire, et j'ai facilement retenu, que, pour être heureux en ménage, il faut au moins que l'on ne sente point de répugnance pour celui que l'on doit épouser.

26.

FIDÉLIO.

Sans doute vous êtes loin d'en avoir pour le seigneur Fatalos ?

ANNA.

Au contraire.

FIDÉLIO.

J'entends ; vous l'aimez...

ANNA, très-vivement.

Mais, au contraire... Mon Dieu ! je m'explique donc bien mal, puisque vous avez tant de peine à comprendre ce que je sens si bien. C'est peut-être mal à moi de vous dire cela ?...

FIDÉLIO.

Vous ne sauriez me faire un plus grand plaisir.

ANNA.

Je suis bien aise aussi de trouver quelqu'un qui m'écoute.

FIDÉLIO.

Dites-moi donc tout, Anna ; ne me cachez rien. Je ne suis ici que pour savoir la vérité. Peut-être vous en aimez un autre ?

ANNA.

Un autre !.... Oh ! non.... Jamais je n'aimerai (*à part.*) que lui.

FIDÉLIO, à part.

Elle m'a oublié. (*Haut.*) Comment, de-

puis que vous existez, vous n'avez pas connu
ce sentiment involontaire qui fait qu'on voit
une personne de préférence à tout autre?

ANNA.

Pardonnez-moi.

FIDÉLIO.

Qu'on l'entend avec un plaisir...

ANNA.

Toujours nouveau.

FIDÉLIO.

Qu'on ne s'ennuie jamais...

ANNA.

Auprès d'elle.

FIDÉLIO.

Qu'un mot de sa part nous console...

ANNA.

Ou nous afflige.

FIDÉLIO.

Que l'on ne connaît que par elle seule le
plaisir...

ANNA.

Ou la peine. J'ai éprouvé tout cela.

FIDÉLIO.

Et pour qui?

ANNA.

Je croyais vous l'avoir dit; car à chacune
de vos questions, mon cœur a nommé
Fidélio.

FIDÉLIO, à part.

Aimable candeur ! (*Haut.*) Ce Fidélio ne vous convenait pas.

ANNA.

C'est ce que dit ma mère ; mais je puis vous assurer qu'elle se trompe. Fidélio n'était pas riche, il est vrai ; mais, avec la protection du seigneur Mélidore, il pouvait devenir un jour officier, amasser de grands biens.

FIDÉLIO.

Alors il n'aurait plus pensé à vous ; il aurait dédaigné cette petite Anna.

ANNA.

C'est bien mal à vous de parler ainsi de mon Fidélio. On voit que vous ne le connaissez pas. Je suis sûre que ses richesses auraient été à moi comme à lui.

FIDÉLIO.

Et si c'était vous que la fortune eût favorisée, avec qui voudriez-vous la partager ?

ANNA.

Belle demande !... J'irais trouver Fidélio, et je lui dirais : Tiens.... tout cela est à toi ; prends... mais à condition qu'il me prendrait aussi.

FIDÉLIO.

Ce serait trop juste.

ANNA.

Hélas ! vous avez renouvelé mes regrets...
Je ne dois plus le revoir.

FIDÉLIO.

Peut-être.

ANNA.

On dit qu'il a péri.

FIDÉLIO.

Si c'était un faux bruit ?...

ANNA.

J'en mourrais de joie.

FIDÉLIO.

Il ne faut donc pas vous dire...

ANNA.

Dites toujours, j'en reviendrai peut-être.

FIDÉLIO.

Eh bien ! Fidélio est à Messine.

ANNA.

A Messine !...

FIDÉLIO.

Vous l'avez vu ce matin.

ANNA.

Ce matin !...

FIDÉLIO.

Il était auprès de vous.

ANNA.

Auprès de moi !...

FIDÉLIO.

Et vous ne l'avez pas reconnu...

ANNA.

Parlez, de grâce! dites-moi tout... Où est-il? quand le verrai-je encore.

SCÈNE VI.

FIDÉLIO, FATALOS, ANNA.

FATALOS, rentrant par le côté.

Eh! vite! vite, Signorina, éloignons-nous. Le seigneur Aymar vient de débarquer avec sa pupille. Tous deux s'acheminent vers la retraite du solitaire. Il n'est pas toujours aimable, le seigneur Aymar; peut-être trouverait-il mauvais que nous fussions venus troubler les graves méditations d'Oreb.

ANNA, à part.

Quel dommage!... j'allais tout savoir.

FATALOS, bas à Fidélio.

As-tu réussi?

FIDÉLIO.

Au-delà de toute espérance.

FATALOS, lui serrant la main.

Je te remercie.

FIDÉLIO, à part.

Il n'y a pas de quoi. (*Haut.*) Adieu, nous nous reverrons.

FATALOS.

Je l'espère.

ANNA.

Et moi, je le désire.

(Fidélio recommande le silence à Anna, par un geste auquel elle répond sans être vue de Fatalos.)

FATALOS, à Anna.

Tenons-nous à l'écart, jusqu'à ce que le Gouverneur soit passé.

(Ils quittent le sentier de l'arcade, et s'éloignent par la droite.)

SCÈNE VII.

FIDÉLIO, à l'entrée de la grotte, à demi-voix.

Seigneur Mélidore, Phrosine s'avance. Son tuteur l'accompagne. Craignez les regards d'un rival soupçonneux et vindicatif, et reposez-vous sur mon adresse du soin de l'éloigner.

(Pendant ce monologue, Phrosine et Aymar gravissent les rochers du fond, traversent l'arcade, et viennent sonner à la porte de l'enceinte.)

SCÈNE VIII.

FIDÉLIO, MÉLIDORE, AYMAR, PHROSINE.

MÉLIDORE, dans le costume d'un philosophe grec, à Fidélio.

Ne te montre pas d'abord.

(Fidélio reste dans la grotte; Mélidore va au-devant d'Aymar.)

AYMAR.

Respectable Oreb, j'aurais dû sans doute visiter plus tôt votre demeure ; mais des devoirs impérieux et toujours renaissans se sont constamment opposés à l'accomplissement d'un désir fondé sur la juste vénération du peuple de Messine.

MÉLIDORE.

Les préceptes de la sagesse étant immuables, je ne fais que répéter ce que d'autres ont dit avant moi.

AYMAR.

Du moins, vous l'apprenez à ceux qui l'ignorent.

MÉLIDORE.

Oui ; mais les passions le leur font bientôt oublier ; leur voix est plus forte que la mienne.

AYMAR.

Je me flatte néanmoins qu'elle saura se faire entendre au cœur de ma pupille.

MÉLIDORE.

N'en doute pas.

AYMAR.

Ce cœur fut long-temps agité par d'affreuses tempêtes.

MÉLIDORE, *passant auprès de Phrosine, et lui prenant la main.*

J'y ramènerai le calme (*bas*) et le bonheur.

PHROSINE, *à part.*

C'est lui.

AYMAR.

Témoin assidu de tous vos entretiens...

PHROSINE, *à part.*

Oh ! Ciel !

AYMAR.

Je puiserai dans vos sages leçons cet art de se vaincre soi-même, et cette modération si nécessaire à celui que le hasard appelle à gouverner ses semblables.

PHROSINE, *à part.*

O malheureuse Phrosine !

MÉLIDORE, *à Phrosine.*

Soumets-toi de bonne grâce à ce que tu ne peux empêcher. L'espérance est un pavot qui endort nos douleurs. (*A Aymar.*) Maximes favorites des sages que je m'efforce d'imiter.

AYMAR.

Écoutez-les, Phrosine.

MÉLIDORE.

Et pénètre-toi bien du motif qui les a dictées. Pour obtenir un peu, ne désire pas trop. Le comble de l'infortune est de ne savoir pas la supporter.

AYMAR, à Mélidore.

Pensée bien juste et dite à propos.

PHROSINE, à part.

Si je ne puis lui parler, du moins cet écrit l'instruira. (*Elle tire un papier de son sein.*) O vous que depuis si long-tems je désirais de voir, et que je ne me lasserai jamais d'entendre, recevez ce faible tribut, ouvrage de la nature et simple comme elle. Vous trouverez dans ces fleurs l'expression d'un cœur pur...

MÉLIDORE.

Je l'accepte avec reconnaissance, et j'y répondrai.

(Il prend le bouquet dans lequel Phrosine a placé une lettre.)

AYMAR, à Mélidore en lui enlevant le bouquet.

Permettez, Oreb; je veux joindre à cette offrande un tribut d'une autre nature et qui en augmente la valeur.

MÉLIDORE.

Celle-là est sans prix à mes yeux.

PHROSINE, à part.

Grand Dieu ! c'est moi qui le perds.
(Elle est saisie d'un tremblement universel ; sa figure exprime l'effroi d'un coupable qui va recevoir son arrêt. Aymar tient le bouquet de la main
droite, pendant que de la gauche il détache un
riche anneau qu'il offre à Mélidore.)

MÉLIDORE.

Toute autre offrande me serait inutile et
même désagréable. Rends-moi ces fleurs, tu
n'imagines pas combien elles me sont pré-
cieuses.

PHROSINE, éperdue, s'avance vers Aymar, et lui
dit en balbutiant :

Seigneur...

AYMAR, frappé de l'agitation de sa pupille.

Qu'avez-vous, Phrosine ? D'où naît ce
trouble ?

PHROSINE, de plus en plus déconcertée.

Moi, Seigneur !... mais... je... ne... suis...
point... troublée... Ce bouquet...
(Elle fait un mouvement pour prendre le bouquet,
qu'Aymar éloigne en étendant le bras droit. Fidélio, resté dans un coin de la grotte, a été témoin de
toute cette scène. Se trouvant derrière Aymar, il
enlève avec adresse le billet placé parmi les fleurs.)

AYMAR.

Eh bien !... ce bouquet...
(Il l'examine, le retourne pendant que Fidélio montre la lettre à Phrosine dont la physionomie change
subitement.)

PHROSINE, *souriant avec grâce.*

Je ne sais pourquoi... je craignais... Mais je suis tout-à-fait rassurée maintenant.

(*Aymar lui rend le bouquet.*)

AYMAR, *à demi-voix en se rapprochant de Mélidore.*

Sage Oreb, ne soyez point surpris de ces disparates ; elles sont la suite d'une impression extrêmement vive que Phrosine a reçue ce matin.

PHROSINE.

Oh ! oui, bien vive (*à Mélidore, en lui présentant les fleurs*) et bien douce. (*Gaîment à Aymar.*) Seigneur, vous avez promis de souscrire désormais à toutes mes volontés. Je n'abuserai pas de cette condescendance, mais puis-je espérer qu'en vous faisant connaître les vœux que je forme, vous voudrez bien ne pas apporter d'obstacle à leur accomplissement ?

AYMAR.

Ordonnez, Phrosine.

PHROSINE.

Cette journée est charmante ; il dépend de vous de la rendre la plus heureuse de ma vie.

AYMAR.

Que puis-je faire ?

PHROSINE.

Mon cœur et mes yeux, si long-tems

attristés, ont besoin de récréation. La beauté
du ciel, l'air que je respire, le charme si
puissant des objets qui s'offrent à ma vue, et
dont je n'ai pas joui depuis bien des années,
tout me fait désirer de prolonger cette situation délicieuse, en restant dans l'ile jusqu'à
la nuit.

AYMAR.

Y pensez-vous?

PHROSINE.

Ne me refusez pas ; je me trouve bien ici.
Je sais que vous avez promis d'unir aujour-
d'hui la fille de Jacinthe au neveu de votre
majordome ; vous avez pensé que l'aspect du
bonheur suspendrait un moment mes peines ;
c'est une attention délicate puisée dans mon
cœur et dont je vous sais un gré infini. Il me
semble que ma proposition doit être agréable
à ces bonnes gens qui nous ont accompa-
gnés. J'ai lu dans les regards qu'ils dirigeaient
sur moi un si touchant intérêt, que je serais
doublement heureuse si je pouvais ajouter
encore à la joie qui les anime.

AYMAR.

Cette plage aride ne me semble guère
propre à célébrer une noce, dont les plaisirs
bruyans s'accordent mal d'ailleurs avec l'aus-
térité du philosophe...

MÉLIDORE.

J'excuserai tout en faveur du motif. Tout

près de l'endroit où vous avez abordé, on remarque les vestiges d'un temple consacré,
dit-on, jadis à Bacchus: en ajoutant quelques fleurs aux festons de vignes qui s'attachent à ces débris, ce lieu, déjà pittoresque,
se trouvera naturellement disposé pour une
fête.

PHROSINE.

Peu d'instans suffiront à ces préparatifs,
pendant lesquels le prudent Oreb pourra lire
dans mon cœur.

MÉLIDORE.

Ma fille, laisse-toi guider par mes faibles
lumières, et bientôt tu n'auras plus rien à
désirer.

AYMAR.

Vous m'avez toujours refusé avec une si
cruelle obstination les moyens de vous être
agréable, Phrosine, que je dois saisir avec
empressement l'occasion que vous m'offrez
aujourd'hui. Je vais ordonner à mes gens de
retourner à Messine pour y chercher tout ce
qui peut embellir une fête où je ne verrai que
vous, et dont votre présence sera le plus bel
ornement. Je vous rejoindrai bientôt.

PHROSINE, à part.

O fortuné moment! tu effaces tout ce que
j'ai souffert.
(Mélidore reconduit Aymar jusqu'à la porte de
l'enclos, le salue gravement, et revient de même
dans la grotte.)

FIDÉLIO sort de la grotte pendant qu'Aymar a le dos tourné, et dit à Phrosine en passant près d'elle.

Je ne le perdrai pas de vue, soyez sans inquiétude.

(Il se glisse en dehors de l'enclos, et gagne le dessous de l'arcade, de manière qu'il ne peut être aperçu d'Aymar, dont il suit tous les mouvemens.)

MÉLIDORE, bas à Phrosine, se jetant dans ses bras.

O ma Phrosine !

PHROSINE.

Cher Mélidore !

(Ils se tiennent embrassés.)

SCÈNE IX.

PHROSINE, MÉLIDORE, dans la grotte; FIDÉLIO, AYMAR, FATALOS, ANNA.

(Aymar est à peine à moitié du sentier de l'arcade, que Fatalos et Anna, qui cherchent à s'esquiver sans être vus, débusquent par la droite, et se trouvent en face de lui.)

AYMAR.

Par quel hasard vous trouvé-je en ces lieux?

FATALOS.

Ce n'est point par hasard, Monseigneur. Je viens de cueillir quelques fleurs avec ma future ; mais je joue de malheur aujourd'hui;

nous n'avons trouvé que des soucis, des
jonquilles, du safran et des capucines.

AYMAR.

Je te rencontre à propos, tu peux me
rendre service.

FATALOS.

Avec plaisir, Monseigneur; de quoi s'a-
git-il ?

AYMAR lui parle bas.

D'ordonner de ma part à ton oncle....
(En le conduisant, il lui explique ce qu'il doit faire
pour les apprêts de la fête demandée par Phrosine.)

FIDÉLIO, à part.

Oh ! Ciel ! il reste et va les surprendre. Comment l'éloigner, les prévenir ?..... Ils vont se
trahir eux-mêmes.
(Frappé soudain d'une idée qui lui sourit, il prend
ses tablettes et écrit.)

MÉLIDORE.

O ma bien-aimée ! rendons grâce à ce Dieu
tout-puissant qui nous a conduits par tant
d'épreuves au dernier degré du bonheur. En
nous retrouvant aimans et fidèles, nous est-il
permis de former encore d'autres vœux ?

PHROSINE.

Non sans doute. (*Elle tombe à genoux.*)
Mon Dieu, je te remercie de m'avoir rendu
Mélidore.
(Fatalos et Anna s'éloignent et descendent vers la
mer. Aymar les regarde jusqu'à ce qu'ils aient
disparu ; puis il redescend vers l'enclos.)

SCÈNE X.

PHROSINE, MÉLIDORE, FIDÉLIO, AYMAR.

AYMAR.

Je suis curieux d'entendre leur entretien. (*Il va entrer dans la grotte. Fidélio jette ses tablettes dans l'enclos, de manière qu'elles tombent à la gauche d'Aymar, qui les ramasse, les ouvre, et lit :* « Ay- » mar, on abuse de ton amour et de ta » crédulité... ton rival existe ; il est de re- » tour ; Phrosine l'a revu ce matin dans ton » palais. C'est pour lui donner les moyens de » pénétrer dans son appartement qu'elle t'a » conduit dans cette île. » La perfide ! (*Au bruit que fait Aymar, les amans changent d'attitude et prétent l'oreille.*) « Sois pru- » dent et discret, profite de cet avis donné » par un ami fidèle. Cours à Messine, fais » garder les issues de ton palais ; cherche par- » tout ; Mélidore ne saurait t'échapper. » Cet avis mystérieux doit exciter ma surveil- lance... Le changement subit que j'ai remar- qué dans Phrosine, sa demande de rester tout le jour dans l'île... Oui, cet avis mérite ma confiance. Femme dissimulée !

MÉLIDORE, bas à Phrosine.

C'est Aymar !

PHROSINE.

Ah ! mon ami, c'est fait de toi.

AYMAR, avec fureur.

Je comblerai tes désirs ; tu le reverras cet amant si cher, cette nuit même..... dans ton appartement.... mais percé de mille coups, et couvert des ombres de la mort.

(Il s'avance jusqu'à la grotte, et écoute. Mélidore dit tout bas à Phrosine de se prosterner ;
il se tient debout à sa gauche, et prononce d'un
ton solennel les paroles suivantes.)

MÉLIDORE.

Obéis sans murmure à la nécessité ; adore en silence les sublimes décrets de l'éternelle justice, qui sait, par des voies impénétrables à l'œil des mortels, départir à chacun, selon ses actions, les faveurs ou les châtimens.

AYMAR.

Oui sans doute, et ce jour en offrira la preuve. Pendant cet entretien, je cours or-donner à l'un des officiers qui m'ont accom-pagné de retourner à Messine pour faire cer-ner mon palais ; puis, certain de ma ven-geance, je reviendrai plus calme auprès de la perfide.

(Il remonte précipitamment le sentier , traverse
l'arcade, et descend vers la mer. Fidélio le suit
des yeux, et paraît au comble de la joie.)

SCÈNE XI.

PHROSINE, MÉLIDORE, FIDÉLIO.

FIDÉLIO.

Oui, oui, va chercher Mélidore à Messine... (*Il accourt vers la grotte où Mélidore et Phrosine sont restés immobiles, en prêtant l'oreille à ce qui se passe en dehors ; mais ils n'ont rien entendu.*) J'ai su éloigner Aymar, et vous n'avez rien à redouter de sa surveillance.

MÉLIDORE.

Généreux ami !

PHROSINE.

Que de grâces à vous rendre !

FIDÉLIO.

Il espère vous trouver dans son palais.

MÉLIDORE.

Il est donc instruit de mon retour ?

FIDÉLIO.

Oui.

PHROSINE.

Oh ! Ciel !

MÉLIDORE.

Et par qui ?

FIDÉLIO.

Par moi.

MÉLIDORE.

Quelle imprudence!

FIDÉLIO.

Elle était nécessaire; vous allez être surpris. Votre situation m'a fait trembler; j'ai dû vous en tirer d'abord, sauf à aviser ensuite à de nouveaux expédiens. Maintenant c'est à l'amour heureux à inventer quelque ruse qui vous rapproche sans danger. Il faut tromper les regards pénétrans d'un rival d'autant plus redoutable, qu'il ne saurait vous pardonner la juste préférence que la belle Phrosine vous accorde sur lui.

PHRÓSINE.

Ah! je crains tout de sa jalousie. Tu le sais, Mélidore, on trouve partout ici des assassins; s'ils allaient... Ah! mon ami, je ne te survivrais pas.

MÉLIDORE.

Quoi! je n'aurais échappé aux dangers de la mer, aux hasards des combats et aux piéges du perfide Aymar, que pour tomber sans gloire sous le fer d'un meurtrier! Non. J'ai rempli tous mes devoirs envers ma patrie; j'ai fait assez pour l'honneur, je veux donner le reste de ma carrière à l'amour. Chère Phrosine, ici trop de périls nous menacent, je ne puis espérer de rester inconnu; tôt ou tard la rage d'Aymar saura nous atteindre; abandonnons sans retour les lieux qui nous ont vus naître; fuyons ensemble; allons sur d'autres rivages pour y trouver enfin le bonheur et la paix. Y consens-tu, Phrosine?

PHROSINE.

Je t'appartiens doublement, par l'aveu de ma famille, et par le choix de mon cœur.

MÉLIDORE.

Eh bien! fais en sorte de t'échapper; nous avons ici l'esquif qui nous a conduits ce matin à Messine; vers le milieu de la nuit nous t'attendrons sur le port.

PHROSINE.

Non, Mélidore, garde-toi d'exposer les jours, ils me sont trop précieux. Je te défends de sortir de cette île. C'est moi qui viendrai te rejoindre.

MÉLIDORE.

Et comment? explique-toi.

PHROSINE.

Ce soir, au lieu de rentrer dans mon appartement, je resterai seule avec Jacinthe près du canal qui arrose le jardin, et sur lequel flotte une petite barque qui sert à mes promenades. Sur la pointe du rocher qui domine cette île on voit encore les restes d'un phare abandonné, servant jadis à diriger les vaisseaux dans le port de Messine; tu placeras dans ce phare un fanal allumé. Guidée par ce nouvel astre, je me confierai sans crainte à l'élément perfide.

MÉLIDORE.

Ah ! tu me fais frémir ! Non, je ne souffrirai pas que tu t'exposes à cet affreux
danger.

PHROSINE.

En est-il que l'amour ne puisse affronter ?

MÉLIDORE.

Faire un trajet de deux milles !.. Si la mer
agitée...

PHROSINE.

Songe donc au but de ce voyage.

MÉLIDORE.

Et si les forces t'abandonnent ?

PHROSINE.

J'en puiserai de nouvelles dans mon cœur.

MÉLIDORE.

Non, non, Phrosine.

PHROSINE.

Je le veux.

FIDÉLIO, qui s'est tenu aux aguets pendant la moitié de cette scène, accourt.

Aymar revient... de la prudence.

(Il entre dans la grotte ; les amans se tiennent au
milieu du théâtre.)

SCÈNE XII.

FIDÉLIO, MÉLIDORE, PHROSINE, AYMAR, JACINTHE, PAYSANS, PAYSANNES, MATELOTS, MOUSSES.

(On voit Aymar, suivi d'une foule de Paysannes et de Matelots, monter doucement les degrés du fond ; ils garnissent les sentiers jusqu'à la porte de l'enclos.)

PHROSINE, à Mélidore, à voix basse.
Déja te quitter !

MÉLIDORE.
Hélas ! il le faut ; mais nous nous rejoindrons avant peu.

PHROSINE.
Qui t'empêche de venir à cette fête ? C'est
pour te voir plus long-tems que j'en avais
conçu l'idée.

MÉLIDORE.
Compromettre par une imprudence un
bonheur presque certain ! Si j'étais reconnu ?..

PHROSINE.
Ah ! demeure. Promets au moins que tu te
rapprocheras de moi.

MÉLIDORE.
Si je le puis, en me glissant parmi les débris du temple.

PHROSINE.

Persuadée que tu me vois et que tu m'entends, la présence d'un témoin si cher me donnera la force de dissimuler mon chagrin. Adieu, Mélidore, adieu, mon ami, mon époux... Qu'il m'en coûte pour me séparer de toi! Il me semble que je ne dois plus te revoir, et que je te dis adieu pour la dernière fois.

(Pendant ce dialogue, qui a eu lieu à voix basse, Aymar est arrivé dans l'enclos.)

AYMAR.

Venez, Phrosine, venez jouir des surprises que je vous ménage. Le souvenir de cette journée se gravera dans votre ame en traits ineffaçables, du moins je l'espère.

FIDÉLIO, à part.

Et nous aussi.

AYMAR.

C'est là mon seul but, et je n'ai rien négligé pour y parvenir.

PHROSINE, avec une double intention.

J'apprécie votre zèle, Seigneur, et sais ce que je vous dois de reconnaissance. (*A Mélidore.*) Adieu, sage Oreb, votre présence et vos discours ont rétabli le calme dans mon cœur.

MÉLIDORE, avec beaucoup de dignité.

Adieu, Phrosine, que le bonheur t'accom-

pagne, et surtout que la prudence te dirige.
(Tout le monde s'incline respectueusement. On se
sépare. Avant de se mettre en mouvement pour
redescendre vers la mer, les Paysans, Paysannes,
Matelots et Mousses qui ont suivi Aymar, et qui
garnissent tous les sentiers, étendent vers Mélidore les rameaux et les fleurs qu'ils portent. Phrosine regarde Mélidore autant que le lui permet la
surveillance d'Aymar et de Jacinthe. La toile
baisse sur ce tableau gracieux.)

FIN DU DEUXIÈME ACTE.

ACTE TROISIÈME.

(Le théâtre représente sur le devant les débris d'un temple circulaire en marbre blanc, parmi lesquels serpentent des rameaux de vigne. Plus loin une plage qui s'étend jusqu'à la mer , dominée à droite, dans le fond , par une pointe de rocher en saillie et fort élevée, sur laquelle on voit un phare ruiné. La mer occupe au moins quatre plans du fond.)

SCÈNE I.

MACARONI, FATALOS. ANNA ; PAYSANS, PAYSANNES , MATELOTS , MOUSSES.

(Au lever du rideau, tous les Paysans et Paysannes, montés sur des fûts de colonnes , sur des blocs de marbre , et groupés d'une manière pittoresque , garnissent les débris du temple , en tenant à la main des guirlandes et des fleurs. Ils sont tournés vers la gauche , où l'on voit au premier plan un joli siége de verdure artistement disposé. Fatalos et Anna sont à droite.)

MACARONI, sur le siége et dans une attitude majestueuse.

Ce tableau est dessiné à merveille ; la signora Phrosine en sera enchantée. Je suis sûr que l'Albane lui-même y sourirait. Ne bougez pas, mes amis! permettez que je jouisse encore un moment de mon ouvrage... Rien n'y manque... Belle ordonnance! harmonie parfaite! (*Il déclame avec emphase.*) Au

milieu des vestiges d'un temple antique, et
qui conserve encore un air de magnificence ,
on a élevé un trône de verdure sur lequel on
voit une jeune nymphe, dont la taille élégante,
la fraîcheur et les grâces font douter si elle
n'est point au nombre des immortelles.

FATALOS.

Otez-vous de là , mon oncle, il n'y a pas
d'illusion du tout.

MACARONI.

Je n'y suis qu'en attendant. Une foule
joyeuse et empressée inonde les portiques et
jonche de fleurs le pavé du temple. Deux
époux brillans de jeunesse et de beauté....

FATALOS, à Anna.

Ceci nous regarde.

MACARONI.

S'avancent vers la déesse...

FATALOS prend Anna par la main, et l'entraîne
malgré sa résistance.

Marchons.

MACARONI.

Tout en eux respire le bonheur et la volupté ! leur physionomie riante...

FATALOS, à Anna qui sanglotte.

Eh bien ! vous pleurez !..... qu'est-ce que
cela veut dire ?

MACARONI.

Allons, voilà mon tableau dérangé. (*Cha-*

cun quitte son attitude et entoure les jeunes gens.) Pourquoi pleures-tu, mon enfant ?

ANNA.

Parce que je n'aime pas mon rôle.

FATALOS.

Ce n'est qu'une répétition.

ANNA.

Je ne veux pas répéter avec vous.

(*Elle va s'asseoir à droite, sur un bloc de marbre.*)

MACARONI.

Laisse-la bouder. (*Aux Paysans.*) Tout est convenu. Chacun sait ce qu'il doit faire. Je crois que le seigneur Aymar sera content de votre zèle et de mon intelligence. Maintenant allons augmenter le cortége de la belle Phrosine.

FATALOS.

Oui, allez, nous vous rejoindrons. Permettez une dernière observation, mon oncle, c'est l'affaire d'un moment.

(Tout le monde sort par la gauche.)

SCÈNE II.

MACARONI, FATALOS, ANNA.

MACARONI.

Qu'est-ce que tu vas me conter ? encore quelque vision ?

FATALOS.

Mon oncle Macaroni, comme je sais très-
bien ce qu'un neveu doit de soumission et d'é-
gards à celui qui lui tient lieu de père, je me
prêterai volontiers, pour obliger dame Jacinthe, ainsi que vous, à tout ce qui pourra
distraire la signora Phrosine. Je ferai donc
semblant d'être le marié, à condition que
vous prierez Anna de faire semblant de m'aimer. Il est infiniment désagréable pour un
homme délicat, sensible et vertueux, d'avoir
l'air d'épouser une fille malgré elle.

MACARONI.

Grimace que tout cela. L'essentiel est de
terminer cette journée à la satisfaction du seigneur Aymar. Demain nous verrons ce que
nous aurons à faire.

FATALOS.

Je ne vous répéterai pas que le Ciel s'oppose évidemment à cette union, parce que
vous êtes un incrédule. C'est votre sensibilité
que j'attaque maintenant, mon oncle. Vous
n'êtes point un barbare. Contemplez sa douleur : la beauté dans les larmes n'a-t-elle aucun droit sur votre ame ?... Cette jeune personne pleure.

MACARONI, avec ironie.

C'est peut-être de joie.

FATALOS.

Vous croyez ?.... C'est différent. Je n'avais

pas fait cette réflexion-là. Alors je consens à tout.

MACARONI.

Je vous ordonne donc, pour la dernière fois, monsieur mon neveu, de m'obéir aveuglément, et de ne plus me rompre la tête de vos balivernes. Suivez-moi.

(Il s'éloigne par la gauche.)

FATALOS, s'approchant d'Anna.

Serait-il possible, comme le dit mon oncle, que vous pleurassiez de joie?

ANNA.

Oh! oui, si l'on m'assurait que vous ne serez pas mon mari.

FATALOS, d'abord ravi de l'exclamation, paraît
tout déconcerté.

N'est-ce pas là ce qu'on appelle de la naïveté?

ANNA.

Oui, si elle consiste à dire tout ce que l'on pense.

FATALOS.

En ce cas, je m'en vais, de peur d'en entendre davantage.

(Il rejoint son oncle.)

SCÈNE III.

ANNA.

Et vous faites bien. Il est parti !..... Tant mieux, je pourrai tout à mon aise penser à Fidélio. Sans cet importun j'en aurais appris davantage. Si ce jeune homme m'avait trompée !... Oh ! non. Il paraissait de bonne foi, et puis sa voix est si douce !.... On n'est pas un trompeur, avec une voix comme celle-là. Elle a produit sur moi une impression que je n'avais pas encore éprouvée. Fidélio est à Messine, m'a-t-il dit ; vous l'avez vu ce matin, et vous ne l'avez pas reconnu !.... Voilà ce que je ne comprends pas. Il me semble que je le reconnaîtrais entre mille.... Il était si gai, si vif.... pas plus grand que cela... Il m'appelait sa petite femme... Il me semble encore le voir.

SCÈNE IV.

FIDÉLIO, ANNA.

FIDÉLIO, dans le fond.

Où donc est ma gentille Anna ?..... je l'ai vainement cherchée parmi les jeunes filles. Ah !

(Il l'aperçoit, et vient doucement derrière une colonne auprès de laquelle Anna est appuyée.)

ANNA.

Pauvre Fidélio !

FIDÉLIO, à part.

Elle s'occupe de moi.

ANNA.

Il doit être bien changé depuis ce tems-là.

FIDÉLIO, à part.

Un peu.

ANNA.

Il a tant souffert !

FIDÉLIO, à part.

Oh ! oui.

ANNA.

Si la prédiction du jeune sage s'accomplit, et que je retrouve mon Fidélio, je lui dirai : Bon ami, depuis sept ans que tu as quitté Messine, je n'ai pas cessé de penser à toi.

FIDÉLIO, à part.

Ni moi non plus.

ANNA.

Nos plaisirs, nos jeux innocens, et cette aimable promesse de nous aimer toujours, sont encore présens à mon cœur.

FIDÉLIO, à part.

Comme au mien.

ANNA.

Sans doute tu m'as été fidèle ?...

FIDÉLIO, à part.

Je le jure.

ANNA.

Et tu m'aimes ?

FIDÉLIO, se jetant à ses genoux.

Toujours.

ANNA, se levant avec effroi.

Vous m'avez fait peur. (*Se rapprochant.*)
Comment, c'est vous ?... (*Il ôte sa barbe.*)
Serait-ce toi ? serais-tu Fidélio ?

FIDÉLIO.

Eh ! oui.

ANNA.

Mon cœur t'avait reconnu. (*Ils s'em-*
brassent.) Espion, vous m'écoutiez.

FIDÉLIO.

Pas précisément ; mais j'ai tout entendu.

ANNA.

J'en suis fâchée.

FIDÉLIO.

Pourquoi ?

ANNA.

Parce que je n'ai plus rien à t'apprendre.
Mais, toi, dis-moi donc pourquoi ce déguisement ?

SCÈNE V.

ANNA, FATALOS, FIDÉLIO.

FATALOS, *dans le fond.*

Voici Monseigneur; je vais donner un coup d'œil.... (*Voyant Fidélio qui tient la main d'Anna.*) Eh bien! ne vous gênez pas, monsieur l'apprenti philosophe. Venez, venez, mon oncle, vous verrez si c'est à tort...

ANNA, à Fidélio.

Sauve-toi.

FIDÉLIO.

Pourquoi donc? Il croirait que je le crains.

FATALOS.

Il paraît qu'il faut peu de chose pour mettre votre sagesse en défaut.

FIDÉLIO.

Peu de chose, dites-vous? Remerciez, Signorina.

ANNA.

Vous êtes galant!

FATALOS.

C'est bon, c'est bon. Par bonheur, on n'y met pas aussi facilement ma surveillance et ma perspicacité. Et vous, innocente Anna, voilà donc la cause de vos dédains?.... N'avez-vous pas de honte de souffrir de semblables libertés de la part d'un esclave?

ANNA.

Pourquoi pas, s'il veut être le mien.

FATALOS.

Peste! quelle ingénuité! (*A Fidélio, qui rit.*) Riez, riez, monsieur le philosophe, nous nous verrons de près.

FIDÉLIO.

Plus tôt que vous ne voudrez.

FATALOS.

Le Gouverneur s'avance..... Il faut que je réprime ma colère, mais je reviendrai ici.

FIDÉLIO.

Non, j'aime mieux vous voir à Messine.

FATALOS.

Eh bien! donc... demain.

FIDÉLIO.

Non... Ce soir... sur le port... quand l'étoile de Vénus brillera dans le ciel..... Vous m'entendez?....

(Il lui serre la main et regarde Anna.)

FATALOS.

Je vous entends.

ANNA, à part.

Et moi aussi.

FATALOS, à part.

C'est singulier! il n'a pas l'air de me craindre.

SCÈNE VI.

FIDÉLIO, PHROSINE, AYMAR, MACARONI, JACINTHE, ANNA, FATALOS, PAYSANS, PAYSANNES, MATELOTS et MOUSSES.

(Phrosine et son cortége paraissent à gauche.)

MACARONI, aux Paysans.

A nous, mes enfans (*Tout le monde vient se placer sur les ruines à droite et à gauche, et l'on voit se former dans l'instant un joli tableau qui diffère tout-à-fait du premier. Phrosine et Aymar s'arrétent dans le milieu du théâtre, sous une double voûte de verdure formée par la vigne suspendue à un reste d'entablement et par les branches que tiennent les Paysans. Phrosine paraît sensible à l'intérét qu'on lui témoigne; cependant sa figure porte l'empreinte de la mélancolie. Macaroni lui montre le siége de verdure qui lui est destiné, et dit bas à Aymar :*) Êtes-vous satisfait, Monseigneur? Vous le voyez, nous avons fait tous nos efforts pour bien remplir vos intentions.

AYMAR, se retournant vers la droite.

Je vous en remercie.

FIDÉLIO, resté à gauche, s'approche de Phrosine et lui dit vivement à voix basse.

Il est à deux pas d'ici, (*il désigne le tem-*

ple) dans un renfoncement, d'où il peut vous voir et vous entendre..... Allons, de la gaîté, trompez tous les regards.

AYMAR, *revenant en scène et remarquant Fidélio.*

Quel est ce jeune homme ?

(Tout le monde regarde Fidélio, et paraît surpris de voir un inconnu habillé d'une manière si étrange.)

FATALOS.

C'est l'esclave, autrement dit le valet du sage Oreb..... Mais il n'est pas trop sage lui-même... Imaginez-vous, Monseigneur...

PHROSINE, *affectant beaucoup de gaîté.*

Majordome, ce siége est charmant, et j'en rends grâce à vos soins. Sans doute, vous ne l'avez préparé que dans l'intention de nous donner une fête ?

MACARONI.

Précisément, Signora.

PHROSINE.

J'ai promis de vous animer par mon exemple, et je tiendrai parole. Je vous l'ai dit ce matin ; je suis heureuse. Les témoignages d'amour que j'ai reçus dans cette journée ne me laissent rien à désirer.

AYMAR, *à part.*

On ne m'a point trompé.

PHROSINE.

Je veux préluder à vos jeux, et régler moi-

même votre danse au son de cet instrument.
(*A Aymar.*) Vous permettez, Seigneur?

AYMAR.

Je ne puis qu'applaudir à l'heureux changement que je remarque en vous, (*à part.*)
et je suis ravi d'en connaître la cause. (*Haut.*)
Livrez-vous sans contrainte aux mouvemens
de votre cœur.

PHROSINE, à part.

Il me fait frémir !

(On présente à Phrosine un tambour de basque.
Aymar se place sur le siége. Toute la jeunesse
entoure Phrosine et se dispose à danser au son des
castagnettes.)

AIR.

Venez au temple de Bachus,
Tristes amans du voisinage ;
Accourez de l'autre rivage ;
Bientôt vous ne gémirez plus.

Son tutélaire ombrage
Offre un paisible abri
Au nautonnier hardi
Échappé du naufrage,
A maint couple chéri
Que menace l'orage.

Venez au temple de Bachus, etc.

La tendre tourterelle,

Fuyant loin de l'autour,

Dans cet heureux séjour

S'en vient à tire-d'aile,

Roucouler son amour

Près du ramier fidèle.

Venez au temple de Bacchus, etc.

(Sur chaque refrein, tout le monde danse ; Phrosine elle-même danse pendant les ritournelles qu'elle exécute sur le tambour de basque. Après avoir chanté, Phrosine vient s'asseoir près d'Aymar. Les danses continuent et s'animent de plus en plus. Chacun redouble de zèle et de vivacité. C'est à qui plaira davantage à celle qui est l'objet de la fête.)

MACARONI.

Après la danse, le repas des noces.

FATALOS.

C'est là que je brille.

JACINTHE.

Allons, seigneur Macaroni, distinguez-vous ; donnez-nous un plat de votre façon.

MACARONI.

Tout est prêt. Ils savent ce qu'ils ont à faire.
(Il frappe deux coups dans la main, avec un air d'importance. Tout le monde sort en courant à droite et à gauche.)

FATALOS.

Voilà le plus beau moment de la fête. (*On voit briller plusieurs éclairs à droite.*) Allons, des éclairs à présent !.. et à droite, encore !... Eh bien ! mon oncle, vous me croirez une autre fois. (*A part, tournant la tête.*) Oh ! la journée finira mal.

MACABONI.

Le vent s'élève.

JACINTHE.

La mer grossit, et commence à mugir.

FATALOS.

Les nuages s'amoncellent.

AYMAR.

Il est prudent de regagner Messine avant que la tempête éclate.

ANNA, bas à Fidélio.

C'est bien dommage !

JACINTHE.

Le jour touche à sa fin.

AYMAR.

En restant plus long-tems, la traversée deviendrait dangereuse, peut-être même impossible.

PHROSINE, à part.

Tant mieux.

AYMAR.

Partons, Phrosine. (*Il donne quelques ordres.*) Voyez si les barques sont prêtes... qu'on les rapproche.

FIDÉLIO, bas à Phrosine, auprès de laquelle il s'est glissé.

La nature elle - même conspire contre nous.

PHROSINE, bas à Fidélio.

Au contraire. Au milieu du désordre, la fuite me sera plus facile

FIDÉLIO.

Renoncez à ce projet.

PHROSINE.

L'amour ne connaît point d'obstacle. N'oubliez pas le fanal qui doit me servir de guide : songez qu'il y va de ma vie.

JACINTHE, revenant en scène.

Partons, Signora.

FATALOS, à Anna.

Allons, ma future... il faut quitter... votre esclave. Tout le monde est embarqué; et quand il s'agit de fuir le danger, on ne doit jamais rester en arrière.

(On se dispose à partir; Aymar vient présenter la main à Phrosine.)

MACARONI, à demi-voix, à Aymar.

Seigneur, Marcovich et Césario, deux de vos rameurs, demandent à vous communiquer une nouvelle importante.

PHROSINE, à part.

S'agirait-il de Mélidore?

AYMAR.

Fais-les venir. (*Macaroni sort.*) (*A Phrosine.*) Phrosine, montez dans ma barque avec Jacinthe; je vous rejoindrai à Messine.

PHROSINE salue Aymar avec un air de soumission, et se dispose à sortir ; mais en voyant entrer
Marcovich et Césario, dont les figures effrayantes
la font reculer, elle dit à part :

Non, non, je ne m'éloignerai pas.

SCÈNE VII.

PHROSINE, AYMAR, MARCOVICH, CÉSARIO.

(Pendant que Marcovich et Césario s'avancent vers
Aymar, Phrosine se glisse vers la gauche.)

AYMAR, avec empressement.

Eh bien ! que venez-vous m'apprendre ?

MARCOVICH, d'un ton sinistre.

C'est fait !

AYMAR.

Ma vengeance...

CÉSARIO.

Est assurée.

PHROSINE, à part.

Oh! Ciel ! ils ont découvert son asile !

AYMAR.

Mélidore...

MARCOVICH.

Nous le tenons.

CÉSARIO.

Sa retraite est cernée.

PHROSINE s'élance entre Marcovich et Césario.

Qu'ai-je entendu ? Mélidore !... rendez-le-moi... Barbares, de quel droit osez-vous attenter à sa vie ?

AYMAR.

De quel droit ?... De celui que donne un amour méprisé !... Dédaigneuse Phrosine, il est plus temps de feindre ! Je sais tout ; je sais que vous l'avez revu, cet amant si fidèle. Vous allez le revoir encore... Oui, je veux que vous puissiez jouir de ses derniers instans... C'est une surprise que je vous ménageais. Marcovich, allez.

PHROSINE.

Arrêtez, cruels ! (*Elle tombe à genoux, et les implore tour à tour.*) Grâce ! grâce pour lui ! Que votre vengeance tombe tout entière sur sa malheureuse épouse.

AYMAR.

Son épouse ! dis-tu ?... Jamais tu ne porteras ce titre : c'est à tes yeux que nous allons le frapper.

SCÈNE VIII.

MÉLIDORE, PHROSINE, AYMAR, MARCOVICH, CÉSARIO.

(Mélidore paraît à gauche sur les ruines du temple. Dans ce moment, un éclair très-vif brille, et la foudre gronde. Le ciel est entièrement couvert de nuages.)

PHROSINE, éperdue, pousse un cri, se relève, court au-devant de Mélidore, et lui dit d'un air égaré :

ARRÊTE!... Où vas-tu?.. Ce sont des assassins... Ne vois-tu pas leur fer homicide ?

AYMARD, à part.

Maudit soit ce vieillard importun !

(Forcé de se contraindre par respect, il s'éloigne et se promène au bord de la mer, en manifestant de tems en tems son impatience.)

MÉLIDORE, avec le plus grand sang-froid.

Pourquoi menaceraient-ils un vieillard qui jamais ne leur fit de mal ?... Reprends tes esprits, ma fille ; il est presque toujours dangereux de s'abandonner sans réflexion aux mouvemens de son ame. Tes cris ont pénétré jusqu'à ma retraite ; ils m'ont appris que tu tremblais sur le sort d'une personne qui t'est chère ; et certain de l'effet que produirait ma présence, je suis accouru pour te rassurer.

PHROSINE, qui pendant cette tirade, débitée lentement, n'a cessé de regarder Mélidore, comme si elle doutait que ce fût lui, se remet enfin, et dit d'une voix mal assurée :

Sage Oreb...

MARCOVICH, à Césario.

Oreb ! serait-ce là cet homme extraordinaire dont on parle tant à Messine ?

CÉSARIO.

Apparemment.

(Ils ôtent leurs coiffures et paraissent considérer Mélidore avec une sorte de respect.)

PHROSINE.

Votre aspect vénérable... a produit sur moi une impression que je ne puis définir... Je me sens renaître... (*Tournée du côté de Mélidore, son regard tendre et animé exprime combien elle est heureuse de le voir échappé au danger auquel elle l'a cru exposé ; elle change de maintien en voyant l'attention avec laquelle Marcovich et Césario regardent alternativement Mélidore et elle.*) Cependant mes craintes ne sont pas entièrement évanouies.

AYMAR, avec impatience.

Phrosine, je vous attends... Vous l'avez oublié, sans doute.

PHROSINE, bas à Mélidore, en le saluant.

Songe au Fanal. (*A Marcovich et à Césario.*) Partons.

(Les deux rameurs saluent Mélidore, puis s'éloignent lentement.)

MARCOVICH, revenant sur ses pas, après avoir parlé bas à Césario.

Écoute, vieillard ; j'ai fait une réflexion ; tu peux nous servir, et nous ne serons point ingrats.

MÉLIDORE.

Parle.

(Césario revient également, pendant que Phrosine, inquiète de ce mouvement, retient Aymar dans le fond ; mais celui-ci l'emmène et la force de s'éloigner.)

SCÈNE IX.

MARCOVICH, MÉLIDORE, CÉSARIO.

MARCOVICH.

La sagesse la plus austère n'a jamais su, dit-on, résister à une bourse bien garnie.

MÉLIDORE.

Qu'osez-vous ?...

CÉSARIO.

Trêve de morale.

MARCOVICH.

Au fait. Nous sommes à la poursuite de Mélidore, chef d'escadre de notre marine...

CÉSARIO.

Et l'ennemi du seigneur Aymar.

MARCOVICH.

Il n'y va rien moins que de notre fortune
à tous deux...

CÉSARIO.

Si nous pouvions le lui livrer... mort ou
vif, c'est égal.

MÉLIDORE.

Voudriez-vous?

MARCOVICH, *lui imposant silence.*

Chut! Si par hasard il venait chercher un
asile dans cette île, qui n'est habitée que
par toi, il faut que tu promettes de nous le
livrer.

CÉSARIO.

Nous partagerons.

MARCOVICH.

En frères.

MÉLIDORE.

Malheureux!

MARCOVICH.

Paix!

CÉSARIO.

Il ne s'agit pas de cela. Tu es maître de
notre secret... il faut que tu promettes de
nous servir.

MARCOVICH.

Oui, il le faut. (*Ils mettent tous deux la*

main sur leur stylet, tandis que de l'autre ils tiennent Mélidore.) Tu le reconnaîtras facilement. Il est grand...

CÉSARIO.

Brun...

MARCOVICH.

Fier...

CÉSARIO.

Brave.

MARCOVICH.

Jure donc de le retenir ici, pour le remettre entre nos mains, s'il se présente devant toi.

CÉSARIO.

Allons, allons, jure... ou par saint Janvier...

MÉLIDORE.

Eh bien ! oui, je jure de vous livrer Mélidore, si jamais il se présente devant moi.

CÉSARIO.

Je suis content de toi.

MARCOVICH.

Nous viendrons te revoir.

MÉLIDORE.

Je vous en dispense.

(*Marcovich et Césario renouvellent à Mélidore leurs recommandations , et s'éloignent.*)

SCÈNE X.

MÉLIDORE, puis FIDÉLIO.

MÉLIDORE.

O PRODIGE de l'amour!.... La fureur des élémens semble augmenter encore le courage de Phrosine. Mais je serais un barbare de livrer ce que j'aime aux plus affreux dangers. Non, non, je dois m'exposer à tout plutôt que de souffrir qu'elle entreprenne ce périlleux trajet. Je vole sur ses traces... Si je suis découvert, je combattrai mon rival... J'expirerai peut-être aux yeux de mon amante; mais, du moins, je n'aurai pas compromis des jours si précieux.

FIDÉLIO, qui a entendu les derniers mots.

Avant tout, Seigneur, conformons-nous au désir de Phrosine, allumons le fanal.

MÉLIDORE.

Cours à la grotte; tu rapporteras un flambeau et mes armes.

(Fidélio sort en courant. Le ciel est en feu. La foudre éclate de tous côtés.)

SCÈNE XI.

MÉLIDORE.

La tempête redouble... et avec elle l'effroi dont mon ame est saisie. Quelle horrible pensée s'attache à mon cœur, et le glace d'épouvante!... Victime de son amour et de son dévoûment, je vois ma courageuse amante s'élancer dans un frêle esquif et lutter contre les flots... Errant sur la plage, et l'œil fixé sur la mer en courroux, je crois l'apercevoir enfin à la lueur des éclairs.... Je vole à sa rencontre... je l'appelle... mais, au lieu d'une épouse adorée, la vague écumante n'a jeté dans mes bras qu'un corps froid et inanimé. Grand Dieu! si notre amour vous irrite, lancez sur moi la foudre; mais épargnez Phrosine... Qu'elle aborde heureusement à Messine... qu'elle soit l'épouse d'un autre, je lui rends ses sermens, son amour.... mais au prix de ma vie, conservez la sienne.

SCÈNE XII.

FIDÉLIO, MÉLIDORE.

(Fidélio paraît sur le rocher du fond, et place un très-gros flambeau allumé dans la lanterne du phare; puis il redescend, et donne à Mélidore une épée et un poignard.)

MÉLIDORE.

MAINTENANT jetons-nous dans une barque ; à force de rames nous arriverons peut-être assez tôt pour empêcher Phrosine d'accomplir son projet téméraire.

FIDÉLIO.

Mais, Seigneur, si pendant notre absence elle abordait dans l'île, et ne vous y trouvait point, quelle serait sa douleur?... Seule, livrée à d'affreuses conjectures, pouvez-vous prévoir à quelle résolution nouvelle la porterait son désespoir?...

MÉLIDORE.

O ma bien-aimée ! pourquoi suis-je venu troubler la paix dont tu jouissais?... Quel parti prendre ?...

FIDÉLIO.

Parcourez le rivage, pour attendre Phrosine et la recevoir; d'ici là, quelque secours peut-être...

MÉLIDORE.

Et de qui puis-je en espérer?

FIDÉLIO.

De vos braves compagnons. Pardonnez-moi, noble Mélidore, si j'ai osé sans votre aveu... mais, je n'ai pas cru devoir vous laisser plus long-tems exposé à une lutte inégale et dangereuse. J'ai remis à la petite Anna un billet pour le commandant du vaisseau *le Syracuse*; je l'instruis, en deux mots, de votre retour et de vos périls.

MÉLIDORE.

Mais Phrosine, que peut-être la mer est près d'engloutir !...

FIDÉLIO.

Je vais à sa rencontre dans le canot qui nous a ramenés de Messine ; si mes efforts ne suffisent pas pour le diriger, je me jeterai à la nage.... enfin je ferai tout ce que mon zèle me suggérera pour recueillir ce trésor, et le remettre entre vos mains.

MÉLIDORE.

Quoi ! tu veux braver seul le perfide élément ?

FIDÉLIO.

Peut-il m'effrayer, lorsqu'une femme s'y livre sans crainte ? Songez donc au but que je me propose ; à la récompense que j'ambitionne. Généreux Mélidore, quand je vous dois tout, me refuserez-vous l'occasion de m'acquitter ?

MÉLIDORE.

Va donc... veille sur cet autre moi-même.
La mer s'apaise, hâtons-nous.... Je veux
t'accompagner jusqu'à l'endroit où est cachée
notre barque.

(Ils sortent par la droite.)

SCÈNE XIII.

MARCOVICH, AYMAR, CÉSARIO.

(On voit une petite chaloupe traverser le fond et
aborder à force de rames. Aymar, Marcovich et
Césario en descendent.)

AYMAR.

PAR qui ce fanal a-t-il été allumé, et dans
quelle intention ? Nous étions à moitié de la
traversée, lorsqu'une vive lumière a brillé
sur ces rochers... à peine Phrosine l'a-t-elle
aperçue, que, profitant d'un moment où elle
n'était point observée par Jacinthe, elle s'est
glissée dans un esquif attaché à sa barque, et
a cherché à le diriger vers cette île, en ra-
mant de toutes ses forces. Favorisé par le
bruit des vagues, j'ai ordonné à mes gens de
la suivre. Où va-t-elle ? Une femme braver
ainsi les élémens furieux !... l'amour seul
peut inspirer une semblable audace.

MARCOVICH, s'avançant pendant que Césario
monte sur le rocher.

Certainement, c'est l'amour. Césario me

disait tout à l'heure qu'il a entendu ces mots,
articulés bien distinctement par la Signóra,
et que le vent nous aura sans doute dérobés :
« Astre bienfaisant !.... fanal précieux, qui
» me conduis au bonheur, redouble ta
» clarté ! »

AYMAR.

En effet.... ils portent dans mon cœur une
horrible lumière... M'aurait-on abusé par un
faux avis ?.. Mélidore serait-il en ces lieux ?...
Femme adroite et dissimulée, tu frémirais si
tu pouvais prévoir jusqu'où ira ma vengeance !...

CÉSARIO, mystérieusement et sur le rocher.

Seigneur, j'entends le bruit des rames...
Je crois même distinguer une femme, à la
blancheur de ses vêtemens.

AYMAR.

Je vais donc connaître le motif d'une
démarche dont la témérité m'étonne ! (*A
Césario.*) Demeure sur ce rocher... (*A
Marcovich.*) Toi ici... au bord du rivage...
ne vous montrez pas... suivez tous les mouvemens de la perfide, et soyez prompts à
exécuter les ordres que je vous donnerai.

(La tempête, qui avait paru se calmer, redevient
plus furieuse; les vagues s'élèvent à une hauteur
prodigieuse. A la lueur des éclairs, on voit une
femme dans un frêle esquif battu par les vents,
traverser le fond de droite à gauche.)

SCÈNE XIV.

MARCOVICH, PHROSINE, CÉSARIO, AYMAR.

(Aymar se tient sur le devant, à droite. Il s'appuie sur un monceau de ruines. L'esquif reparaît ; et poussé par le vent, vient se briser contre le roc sur lequel est allumé le fanal.)

PHROSINE.

GRAND Dieu !... faut-il que je succombe lorsque j'ai atteint le but de ce périlleux voyage ! (*L'esquif s'enfonce dans la mer. Phrosine se tient à la pointe du rocher, en se suspendant à des branches. Elle gravit péniblement et atteint presque le sommet de ce roc escarpé. En apercevant un homme couché sur les ruines du phare, elle s'écrie :*) Est-ce toi, mon bien-aimé Mélidore ?

AYMAR, *avec un mouvement de rage, quitte sa place et s'élance vers le fond.*

Non, ce n'est pas lui... tu l'as vu pour la dernière fois... Meurs, perfide !... Que ce flambeau soit pour toi l'astre de la mort. (*Il fait un signe très-expressif à Césario ; celui-ci pousse Phrosine, et elle tombe à la renverse dans la mer.*) Éteignez ce fanal ; (*Césario obéit.*) Laissez-moi seul. (*Marcovich et Césario s'éloignent par la gauche ; des coups de tonnerre multipliés ajoutent encore à l'horreur de cette scène. Aymar, frappé de terreur, et la tête cachée dans ses mains, vient tomber sur le siége de verdure qui est en avant, à gauche. On voit une barque, dans laquelle est Fidélio, traverser le fond de droite à gauche.*)

SCÈNE XV.

AYMAR, MÉLIDORE.

MÉLIDORE, il entre par la droite.

L'espoir renaît dans mon ame. Je dois tout attendre du zèle et de l'adresse de Fidélio. Il ne peut manquer de ramener Phrosine, en suivant la direction du fanal, dont la bienfaisante lumière... Oh ! Ciel ! il est éteint...

AYMAR.

On a parlé !... Qui est là ?...

MÉLIDORE, à part.

C'est Aymar !

AYMAR, le prenant par la main.

Est-ce vous, Oreb ?

MÉLIDORE, avec beaucoup d'émotion.

Oui, Seigneur.

AYMAR.

Vous semblez bien ému.

MÉLIDORE.

Mais vous-même... (*A part.*) Je tremble d'apprendre.... (*Haut.*) Je vous croyais à Messine...auriez-vous éprouvé quelque accident ?... Cette horrible tempête...

AYMAR.

N'est rien, auprès de celle qui bouleverse tout mon être.

MÉLIDORE.

Quel motif vous a ramené dans ces
lieux ?

AYMAR.

La jalousie. Ah ! vertueux Oreb !... c'en
est fait, j'ai perdu le repos.

MÉLIDORE.

Qu'est-ce donc qui vous agite ?

AYMAR.

La pensée d'un crime.

MÉLIDORE.

Il faut la repousser.

AYMAR.

Il n'est plus tems.

MÉLIDORE.

Vous me faites frémir.

AYMAR.

Vous avez su peut-être quel tendre attachement unit Phrosine à Mélidore ?

MÉLIDORE.

Oui.

AYMAR.

Mais vous ignorez tout ce que la jalousie
me fit entreprendre pour empêcher leur
hymen.

MÉLIDORE.

Je ne veux point le savoir.

AYMAR.

Ce rival que j'abhorre! Il existe... il à
reparu dans Messine aujourd'hui même.

MÉLIDORE.

Peut-être on vous a trompé.

AYMAR.

Trompé!... Non. Par un mystère que,
sans doute, vous m'aiderez à connaître, un
fanal, placé sur la pointe de ce rocher,
devait guider la perfide vers son amant.

MÉLIDORE.

Qui vous l'a dit?

AYMAR.

Elle-même.

MÉLIDORE.

Comment?

AYMAR.

Je l'ai vue gravir ce roc. Faible et presque
mourante, sa voix appelait son cher Mélidore...

MÉLIDORE.

Je frissonne!

AYMAR.

Aveuglé par ma rage...

MÉLIDORE.

N'achevez pas.

AYMAR.

Un ordre cruel trop bien exécuté... l'a
plongée dans les flots.

MÉLIDORE.

Barbare ! rends-moi Phrosine.

AYMAR.

Qui donc es-tu ?

MÉLIDORE.

Ce fer va te l'apprendre.

(Il jette ses vêtemens.)

AYMAR.

Mon cœur t'a nommé.

MÉLIDORE.

O ma Phrosine ! te venger et mourir.

(Ils se battent en désespérés à la lueur des éclats redoublés de la foudre. Dans ce combat à outrance, ils emploient alternativement le poignard et l'épée. Après une lutte longue et terrible, Mélidore va succomber ; il fait un faux pas , tombe à genoux, et se bat quelque tems dans cette position.)

SCÈNE XVI.

AYMAR, PHROSINE, MÉLIDORE.

AYMAR.

Va rejoindre ton amante.

(Il lève le bras pour porter le dernier coup à Mélidore. Fidélio a sauvé Phrosine. Tous deux reparaissent dans une barque , tout près du rivage.)

PHROSINE s'écrie.

Mélidore !

MÉLIDORE.

Quelle voix! (*Il regarde.*) C'est elle!...
(*A Aymar.*) Tremble à ton tour.

(Il se ranime, se relève, pousse Aymar. Ils se battent corps à corps, en cherchant à se frapper de leur poignard. Aymar est renversé. Ce mouvement très-vif a lieu pendant que Fidélio aide Phrosine à descendre.)

SCÈNE XVII.

MARCOVICH, MÉLIDORE, CÉSARIO, PHROSINE, AYMAR.

(Pendant que Phrosine court se précipiter entre les combattans, Fidélio monte sur le rocher, allume des feux partout, fait des signaux, et disparaît.)

AYMAR appelle.

Marcovich! Césario! à moi !

(Césario et Marcovich accourent , surprennent Mélidore par derrière. Pendant que l'un d'eux le désarme, l'autre lui passe autour du corps une ceinture , avec laquelle ils le forcent à reculer jusqu'à un monceau de ruines , à gauche.) Là , ils l'attachent à un fût de colonne, après l'avoir lié de manière à ne pouvoir faire aucun mouvement.)

AYMAR se relève, leur jette une bourse , et s'éloigne en leur désignant Mélidore et Phrosine.

Voilà vos victimes !.... Je vous les abandonne.

MARCOVICH.

Suffit.

CÉSARIO.

C'est entendu.

(Phrosine se jette aux pieds d'Aymar; il la repousse,
et sort par la droite.)

SCÈNE XVIII.

MÉLIDORE, MARCOVICH, PHROSINE, CÉSARIO.

(Phrosine éperdue se relève et se traîne aux pieds
de Marcovich et de Césario, dont la férocité semble
s'être accrue par la récompense qu'ils viennent de
recevoir. Elle les implore tour à tour, mais surtout pour Mélidore. Les barbares la repoussent;
elle détache son collier, ses boucles d'oreille, ses
bagues, et leur offre tout. Ils acceptent. L'espoir
renaît dans son ame. Elle croit son amant sauvé;
mais bientôt les cruels, avec un sourire affreux,
s'avancent vers leur victime et semblent prêts à la
frapper. Phrosine s'élance après eux, se suspend
à leurs vêtemens, et les entraîne plusieurs fois loin
de Mélidore, jusqu'à ce qu'enfin, lassés de sa résistance, ils se la rejettent l'un à l'autre. Elle va
mesurer la terre. Marcovich, excité par Césario,
vient d'un air déterminé vers Mélidore, et lève le
bras armé du fatal stylet, pendant que Césario observe et contient Phrosine presque inanimée.)

SCÈNE XIX.

MÉLIDORE, FIDÉLIO, MARCOVICH, CÉSARIO, PHROSINE, AYMAR, puis JACINTHE, ANNA, FATALOS.

(Fidélio paraît brusquement entre deux colonnes; d'une main il arrache le stylet de Marcovich, et de l'autre lui met un pistolet sur la poitrine. Césario, qui veut se dégager, est retenu par Phrosine qui s'attache à lui.)

AYMAR, en désordre et l'épée à la main, rentre par la droite.

Que me voulez-vous?

(Il est poursuivi par les soldats de la marine, et par les matelots qui le menacent En un instant, tout le fond, compris le rocher, est couvert des défenseurs de Mélidore, qui dirigent leurs armes vers Aymar. La mort l'environne de tous côtés. Au moment où le tableau se forme, un cri général se fait entendre.)

PLUSIEURS VOIX.

Rends-nous Mélidore.

(On allume des feux partout. Plusieurs chaloupes, portant des fanaux, paraissent à la vue de l'île. Mélidore, détaché par Fidélio, ouvre les bras à Phrosine, qui vient y tomber presque mourante et affaiblie par tant de secousses.)

MÉLIDORE.

O ma bien-aimée!...

PHROSINE.

Nous voilà donc réunis ! (*Jacinthe et les villageois entourent Phrosine et lui donnent des soins. On a éloigné Marcovich et Césario. Phrosine, voyant le danger que court Aymar, rassemble toutes ses forces, se jette au-devant de lui, et s'écrie :*) Grâce pour Aymar !

(Mouvement général de surprise ; on baisse les armes.)

MÉLIDORE, *avec beaucoup d'énergie.*

Non. C'est au monarque... à prononcer. (*A Aymar.*) Tu as abusé de ton pouvoir ; pour satisfaire une passion effrénée, tu t'es rendu criminel ; tu as fait répandre le sang de nos plus intrépides marins et compromis l'honneur de la nation. Ce peuple, ces braves, Phrosine ; moi, tout le monde t'accuse. Tremble ! un magistrat coupable est le dernier des hommes.

FIN DU PANAL DE MESSINE.

TABLE

DES PIÈCES CONTENUES DANS CE VOLUME.

FIN DE LA TABLE.